Silvana Tismer

Märchenhaft wandern

Unterwegs zu sagenhaften Orten im Eichsfeld

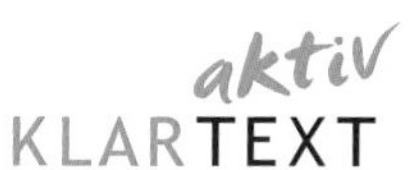

Bildnachweis

Adobe Stock: ©drsg98 S. 3, 112; ©Moritz Ziegler S. 6/7; IMAGO: /Pond5 Images S. 110, 124; /Shotshop S. 27; picture alliance: /Martin Schutt/dpa-Zentralbild/S. 8/9, 140;/Geisler-Fotopress/Michael Kremer/Geisler-Fotopress S. 29;/CHROMORANGE/ Rainer Hunold S. 34; /dpa/dpa-Zentralbild/Swen Pförtner S. 84; /dpa/ Claudia Götze S. 89; /zb/Thomas Härtrich S. 119; /ZB/euroluftbild.de/euroluftbild.de/Michael Mehle S. 127; /Peter Schickert S. 131; Wikipedia: ©ErwinMeier_CC BY-SA 4.0 S. 46
Alle übrigen Bilder stammen von der Autorin.

Bibliografische Information der Deutschen Nationalbibliothek
Die Deutsche Nationalbibliothek verzeichnet diese Publikation in der Deutschen Nationalbibliografie; detaillierte bibliografische Daten sind im Internet über portal.dnb.de abrufbar.

Impressum

1. Auflage Mai 2024
Lektorat: Kerstin Goldbach
Satz und Gestaltung: Joachim Bartels
Druck und Bindung:
AALEXX Druck Produktion, Thönser Str. 5a, 30938 Burgwedel
Umschlaggestaltung: Guido Klütsch
Umschlagabbildung: Imago Images/Pond5 Images
Autorinfoto hintere Umschlagklappe: Olaf Schäfer
Kartenerstellung: Leon Thomes/Die Karten wurden mit Daten von OpenStreetMap erstellt (www.openstreetmap.org).

ISBN 978-3-8375-2637-0

KLARTEXT

Jakob Funke Medien Beteiligungs GmbH & Co. KG
Jakob-Funke-Platz 1, 45127 Essen
info.klartext@funkemedien.de
www.klartext-verlag.de

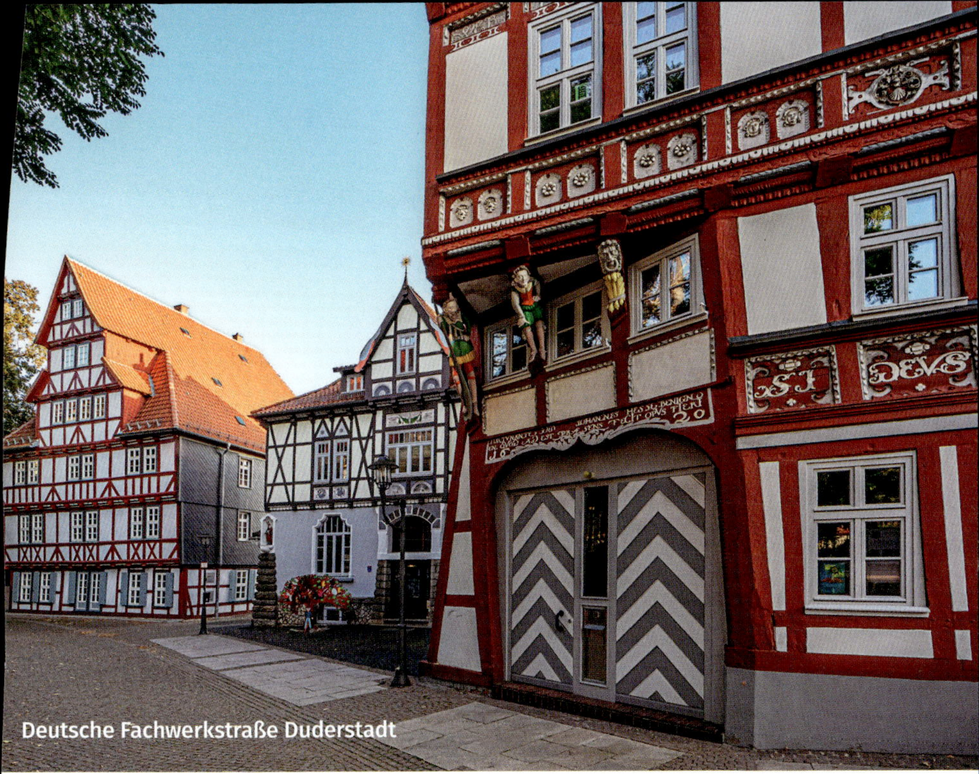

Deutsche Fachwerkstraße Duderstadt

Legende

 Startpunkt

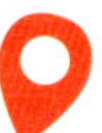 Zwischenziel

 Zielpunkt

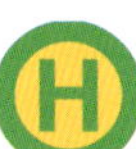 Haltestelle

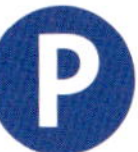 Parkplatz

 Gastronomie

 Aussichtspunkt

 Sehenswürdigkeit

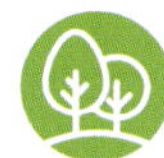 Naturerlebnis

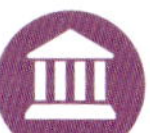 Kulturstätte

 familienfreundlich

 Freizeitspaß

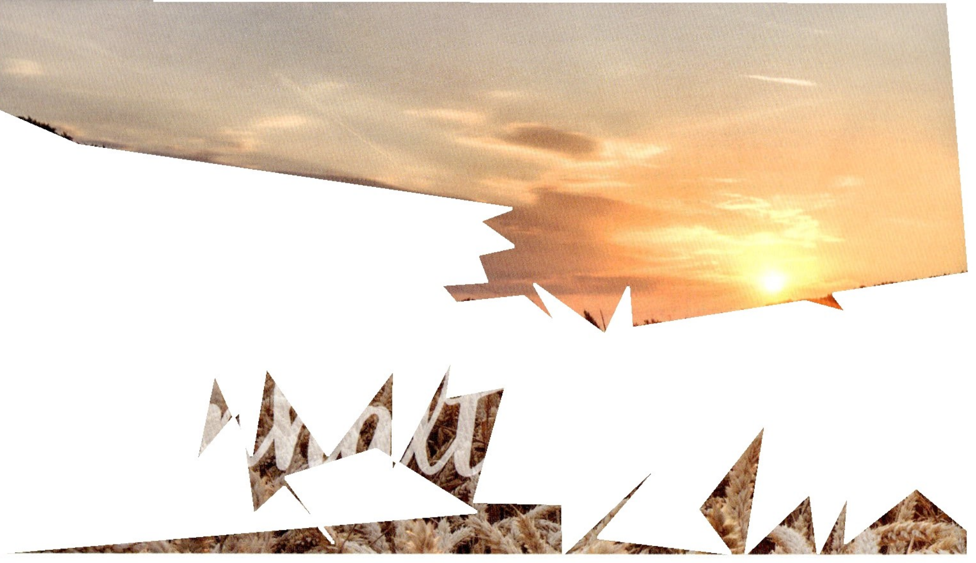

Sonnenuntergang bei Burg Ludwigstein

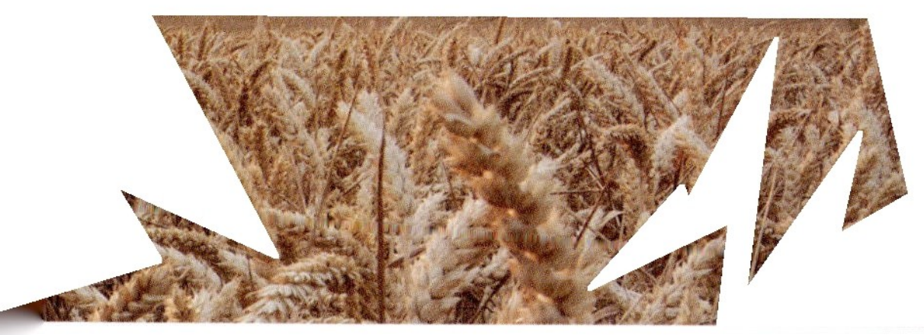

Die Touren

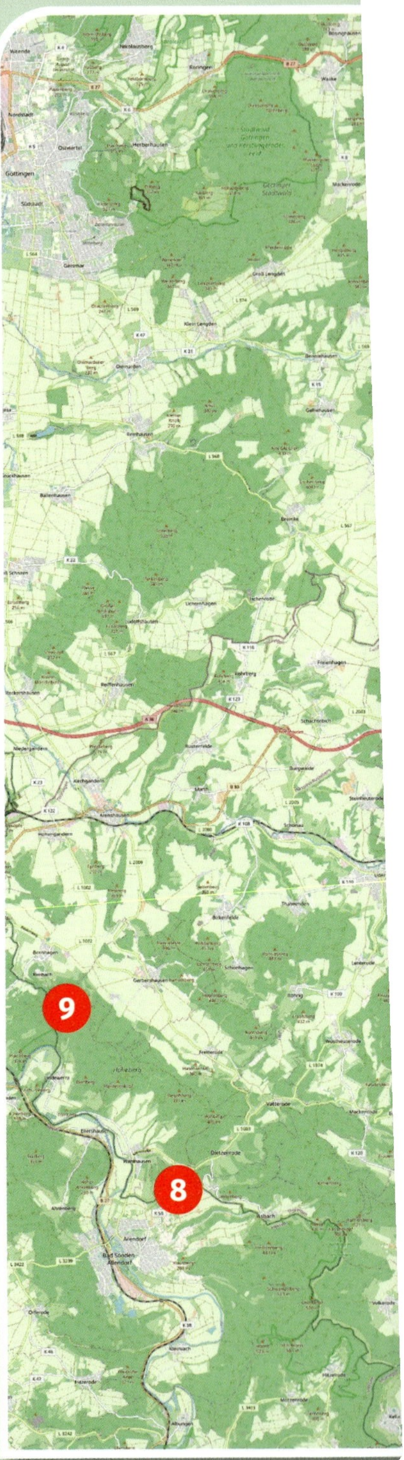

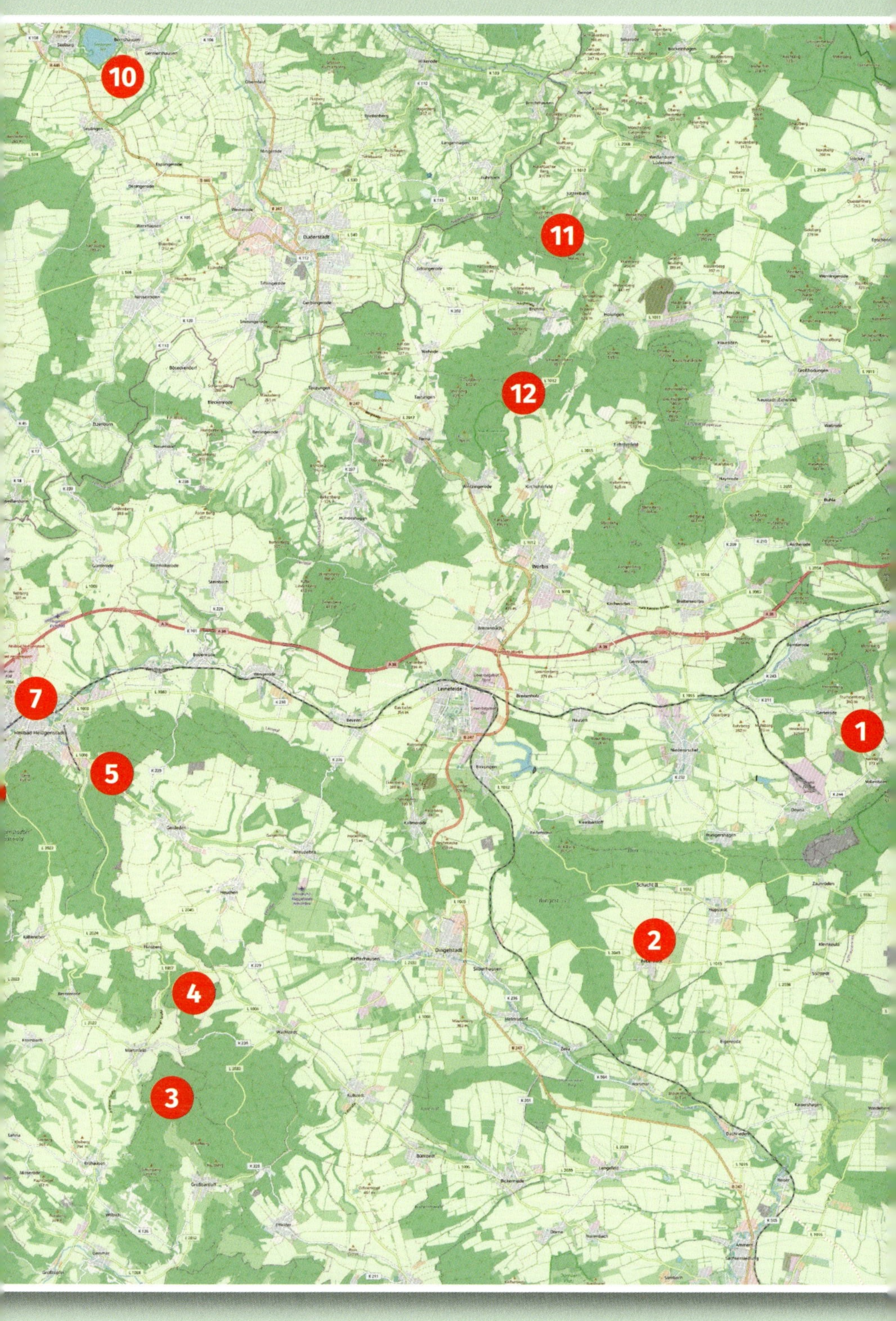
10
11
12
7
1
5
2
4
3

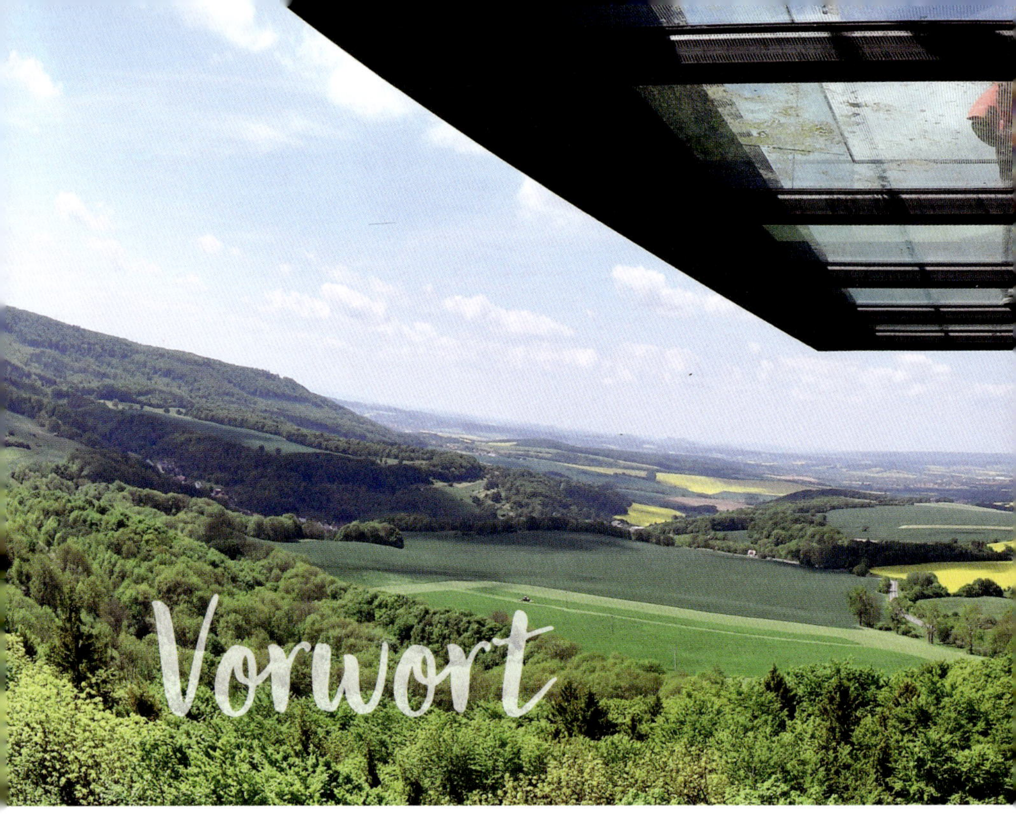

Vorwort

Märchenhaft wandern im Eichsfeld

Sagenhaft, grenzenlos und wunderschön. Nichts könnte das Eichsfeld treffender beschreiben als diese drei Worte. Direkt im Dreiländereck von Thüringen, Hessen und Niedersachsen gelegen ist das Eichsfeld eine einzigartige Natur- und Kulturlandschaft. Einst von einer unmenschlichen Grenze zerrissen, versteht es sich heute als der Mittelpunkt Deutschlands, was es geografisch ja auch ist.
Diese Region zwischen Harz, Hohem Meißner und Thüringer Wald ist unglaublich reich an sagenhaften Geschichten, aber ebenso reich an wunderbarer Landschaft und Natur. Sanfte Hügel, schroffe Klippen, liebliche Täler wechseln sich ab, alte Klöster, schmucke Dörfchen und quirlige Städtchen sind hineingebettet. Das Eichsfeld liegt dazu noch an mehreren Ferienstraßen, wie zum Beispiel die Deutsche Märchenstraße und die Deutsche Fachwerkstraße.

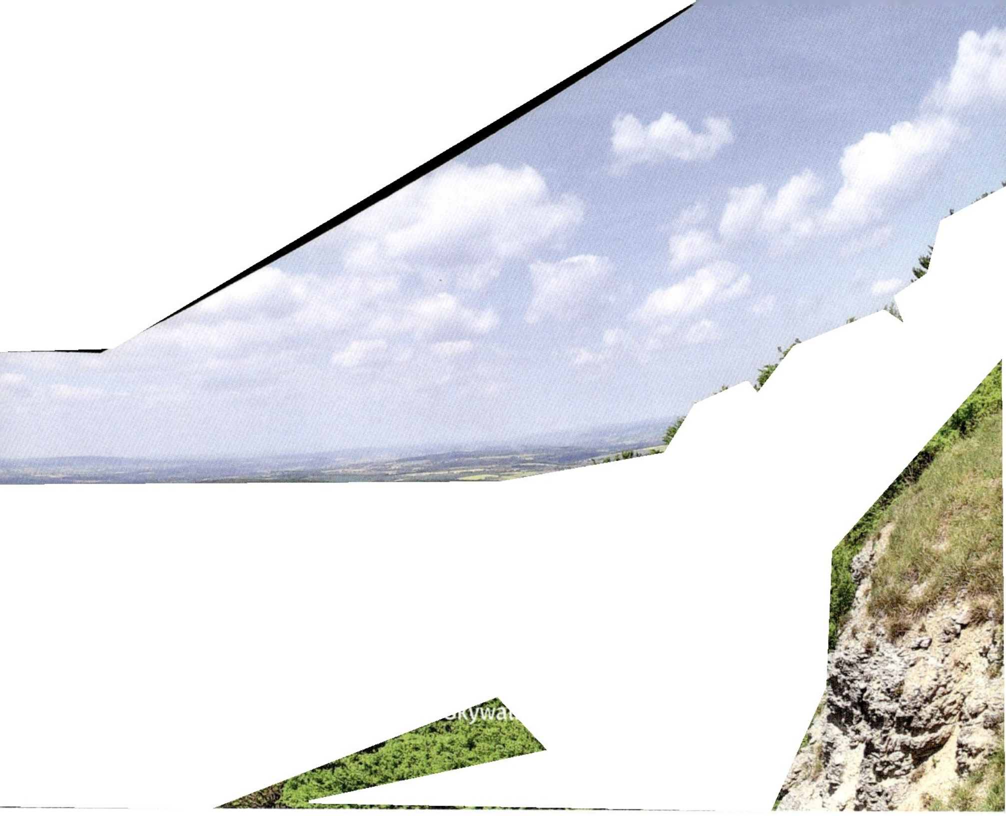

Das Wanderwegenetz in den Wäldern und Feldern, egal ob im Thüringer oder im niedersächsischen Teil, umfasst ungezählte Kilometer durch die Natur, zu sagenhaften Orten, zu bildschönen Burgen und märchenhaften Gestalten.
Begegnen Sie doch selbst einmal dem Riesen vom Sonnenstein oder der Möhrenkönigen von Heiligenstadt. Schauen Sie sich an, wo einst der Teufel seinen Hufabdruck hinterließ oder direkt in das Auge des Eichsfeldes. Sie dürfen dazu noch auf den Spuren großer Namen wandeln, die Palette reicht von Theodor Storm bis zu den Brüdern Grimm. Lassen Sie sich verwöhnen von der einzigartigen Kulinarik des Eichsfeldes mit seinen traditionellen Spezialitäten und neuen Köstlichkeiten. Denn das Eichsfeld ist immer für eine Überraschung gut, es ist eben sagenhaft grenzenlos.

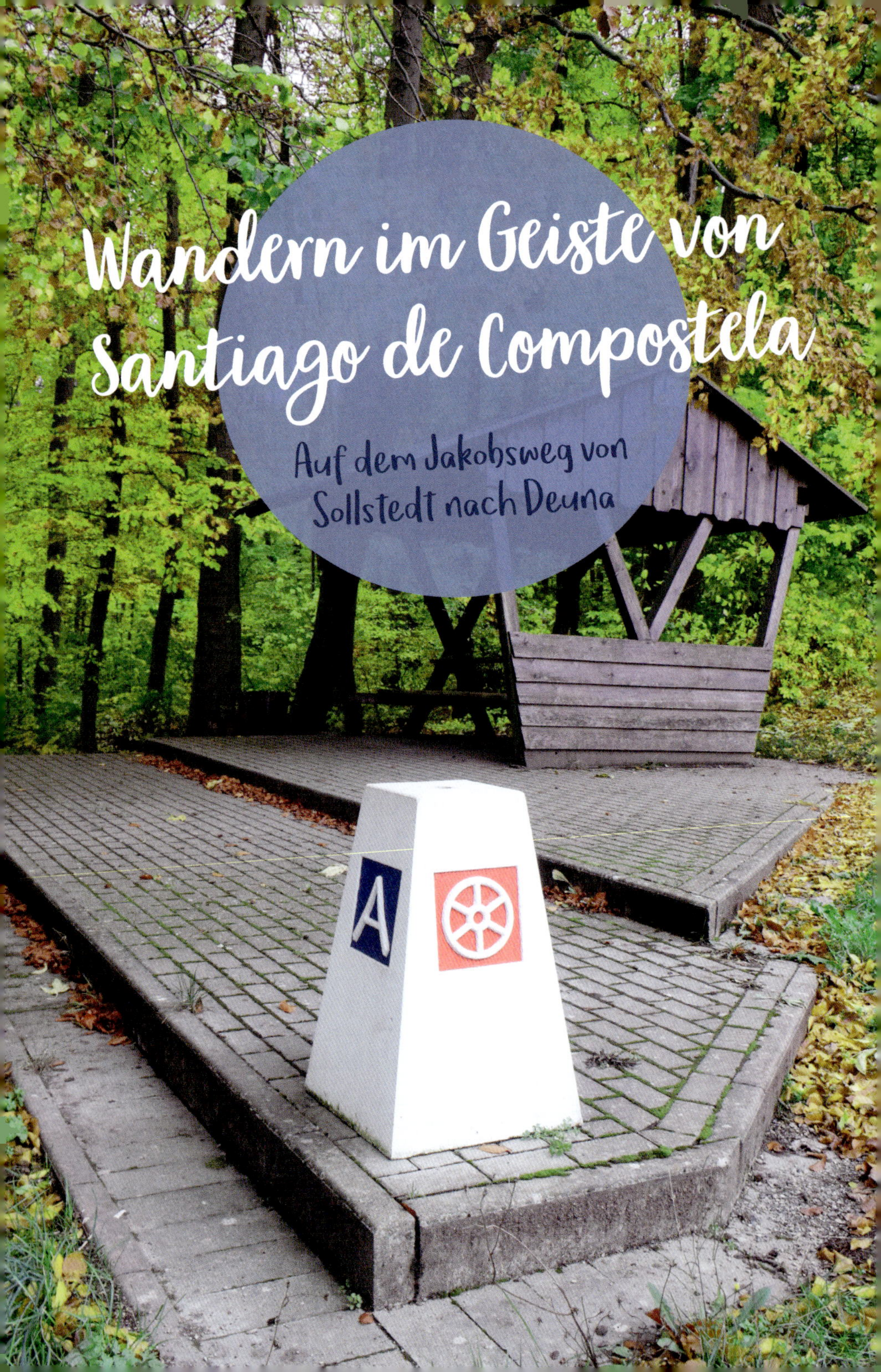
Wandern im Geiste von Santiago de Compostela
Auf dem Jakobsweg von Sollstedt nach Deuna
A

Fünf Tageswanderungen etwa umfasst der Eichsfelder Jakobsweg, der sich einmal durch den ganzen Landkreis bis nach Hessen hineinzieht. Wir wählen für unsere Wanderungen die ersten beiden Etappen, die zweite liegt vollständig auf Eichsfelder Boden und führt von Deuna bis zum ehemaligen Zisterzienserkloster Reifenstein und dann weiter bis zum Gut Beinrode zu Füßen der Burg Scharfenstein. Dieser Weg ist einer der wichtigen Zubringerwege Europas entlang der alten Heidenstraße zum berühmten Camino in Nordspanien, dessen Ziel wiederum die Kathedrale von Santiago de Compostela ist. Zahlreiche Pilger haben den Weg durch das Eichsfeld jahrhundertelang genutzt, vor allem aus der Mitte Europas, aber auch aus dem Norden und Osten.

2:30 Std.

13 km

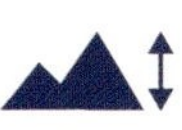

194 Meter

Start: Sollstedt, Halle-Kasseler-Straße 151, 99759 Sollstedt
Ziel: Deuna
Wegbeschaffenheit: wenig Asphalt zu Beginn, vorrangig naturnahe und naturbelassene Wander- und Waldwege
Parken: am Bahnhof Sollstedt
Anreise mit ÖPNV: Bahnhof Sollstedt auf der Strecke Halle–Kassel, in Sollstedt hält auch die Buslinie 28. Abreise vom Zielpunkt ab Bushaltestelle Deuna Mitte

Wegbeschreibung: Wir gehen das Vorhaben an und brechen vom Bahnhof in Sollstedt auf zu unserer ersten Tagesreise. Wir befinden uns vor den Toren des Eichsfeldes, das wir bereits sehen können. Der Dün winkt uns schon regelrecht zu, er wird jetzt zwei Tage unser Begleiter sein. Dieser Höhenzug aus Muschelkalk, manchmal auch Dünwald genannt, ist waldreich und liegt bis zu 522 Meter über dem Meeresspiegel. Seine Fläche beträgt insgesamt etwa 270 Quadratkilometer. Die Nordflanke ist steil, sie wird eine Herausforderung für uns. Dafür werden wir mit Fernsichten belohnt.

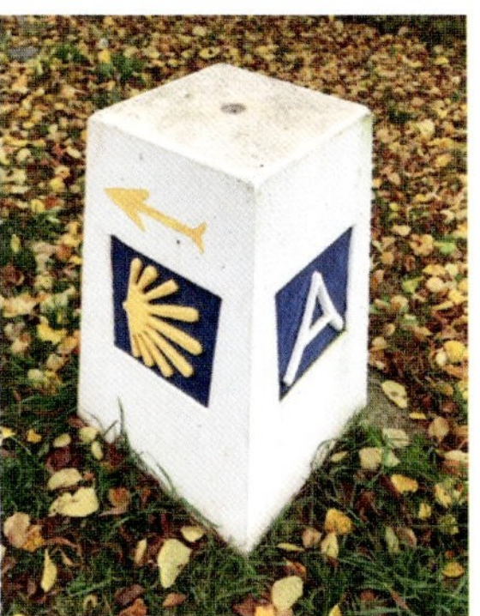

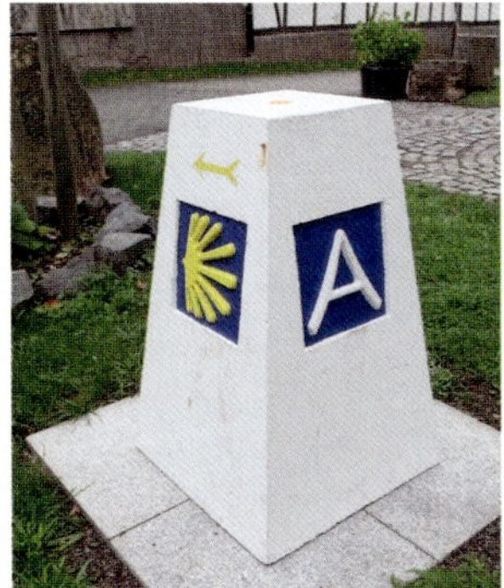

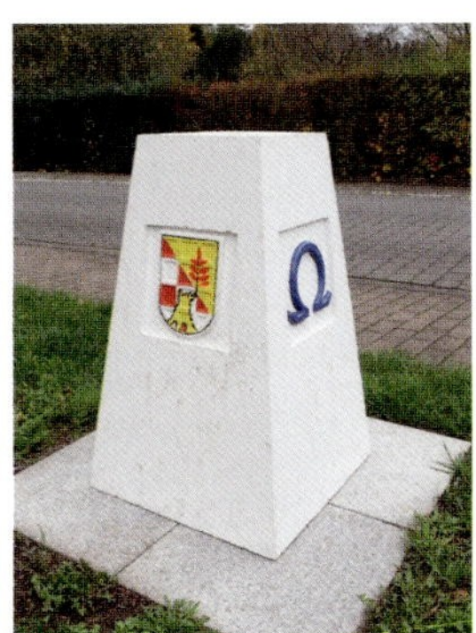

Pilgersteine als Wegweiser

Vom Sollstedter Bahnhof queren wir die Hauptstraße und laufen die ersten paar Meter durch den Ort auf der Rehunger Straße. Hinter der Wipper biegen wir am Pilgerstein rechts ab und folgen ihrem Bachlauf durch die Lohwiesen. Eine Initiative von Eichsfelder Jakobspilgern hat es geschafft, den gesamten historischen Eichsfelder Jakobsweg mit diesen Steinen zu versehen. Sie sind aus Beton gegossen, zeigen auf den Seiten in bunten Farben die Pilgermuschel, Richtungspfeile, die griechischen Buchstaben Alpha und Omega sowie das Wappen der Region, in der man sich befindet. Wir laufen von Alpha bis Omega – Omega ist Santiago de Compostela. Egal wo man losläuft, dieser Punkt ist Alpha. Schon in der Bibel steht: „Ich bin das Alpha und das Omega, der

Anfang und das Ende, spricht der Herr.“ Hier leuchtet uns das Schachbrett des Nordhäuser Wappens entgegen. Das wird sich bald ändern, im Eichsfeld werden wir uns nach dem Mainzer Rad richten. Hinter dem Sportplatz grüßen schon die ersten Häuser von Wülfingerode. Am Ende des Unterdorfes erleben wir nach wenigen Schritten nach rechts den ersten kulturellen Höhepunkt: die Elisabethkirche.

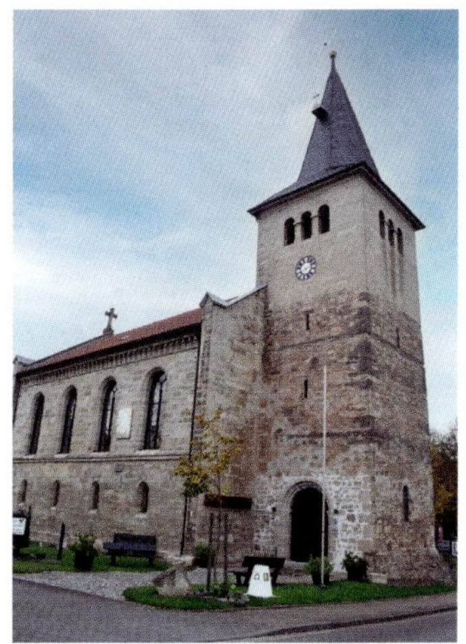

Elisabethkirche

Tipp

Die längste Bank und das Heilige Grab

Nahe des Dörfchens Bernterode unterhalb des Wanderweges gibt es die längste Bank in Thüringen. Sie ist aus einem Baumstamm gefertigt, 26,61 Meter lang und besteht aus einer ebenso langen Sitzbank und einem Tisch. Eine Stammhälfte bildet die Bank, die andere den Tisch, verbunden durch auf Länge gesägte weitere Baumstämme. Eine größere Wandergruppe hat dort reichlich Platz. Gebaut haben sie im Jahr 2020 die Wanderfreunde des Dorfes. Gleich neben ihr steht das Heilige Grab von Bernterode. Es stammt aus dem Jahr 1798. Die Inschrift „Memento Mori“ soll an die Sterblichkeit erinnern. Eine dunkle Stunde gab es am 22. März 2015, als die Gebetsstätte durch einen Brandanschlag komplett zerstört wurde. Die Gemeinde und örtliche Unternehmen bauten sie mithilfe vieler Spender wieder auf.

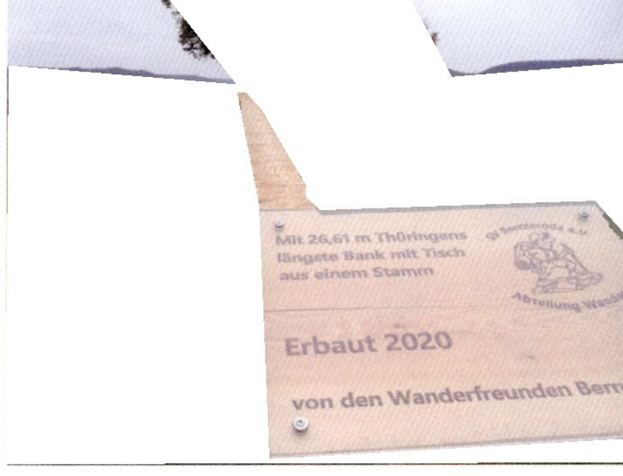

Noch sind wir nicht im katholischen Eichsfeld, die neuromantische Saalkirche aus Naturstein ist evangelisch-lutherisch. Erbaut wurde sie 1858 anstelle eines Vorgängerbaus, der vergoldete Kupfersarkophag des Rittmeisters Hans von Bodenhausen aber stammt von 1684. Für so ein kleines Dorf wie Wülfingerode wirkt sie riesig, vor allem mit ihrem quadratischen Turm. Teils besteht er unten noch aus Teilen des Vorgängerbaus, im Obergeschoss befinden sich als Klangarkade für die Glocke Triforien, also durch Säulen unterteilte Fenster, die wirken, als wären es drei.
Jetzt laufen wir entlang der Kirchstraße wieder Richtung Dün, es geht immer geradeaus, nur der Straßenname wechselt in „Hinter den Höfen". Kurz nach dem letzten Haus wird die Straße zum Feldweg. Immer bergauf geht es Richtung Lohberg. Bis ganz rauf müssen wir erst einmal nicht. Dort, wo uns die ersten Bäume empfangen, halten wir uns rechts und folgen dem Waldweg weiter. Bald schon hören wir den Rehunger Bach plätschern, den wir dann auch queren, um unseren Weg an dessen Rand fortzusetzen.

Tipp

Ohne, Wipper und die Wendelröder Mühle

Ein ganz lauschiges Örtchen in der Nähe des Wanderweges ist der Zusammenfluss von Ohne und Wipper nahe des großen früheren Marktfleckens Niederorschel. Letztere kommt sogar im Eichsfeldlied vor. Unweit entfernt stehen die Überreste der Wendelröder Mühle, die auf eine Wüstung verweisen. Wendelrode wurde im 16. Jahrhundert verlassen. 1769 wurde die Mühle am Wipperufer neu gebaut, sie brannte aber 1848 teilweise ab. Noch bis 1952 war sie in Betrieb.

Bald erhebt sich rechter Hand wieder ein Waldstück, wir laufen jetzt durch das Bockstal. Wo sich die Landschaft wieder öffnet, geht es für uns weiter geradeaus durch den Mühlgrund, hier biegen wir bald rechts in einen Wiesenweg am Ende der Kirchgasse ein. Damit folgen wir nicht weiter dem Rehunger Bach, sondern kürzen den Weg ins Dorf ab. Wir können Rehungen schon vor uns sehen. Wo die ersten Häuser stehen, wird der Wiesenweg wieder zu Asphalt und damit zur richtigen „Kirchgasse". Alles, was rechts und hinter Rehungen liegt, ist bereits das Eichsfeld. Wir laufen bis zur Kreuzung, dann geht es rechts in die Hauptstraße. Hier steht eine wunderhübsche Fachwerkkirche.

Eigentlich wollten wir in der langen Kurve nach links auf den Torweg abbiegen, um wieder zum unteren Dünweg zu kommen, aber wir müssten Haken schlagen wie Hasen und hätten eine viel längere Wegstrecke, außerdem ist der Weg in schlechtem Zustand. Wir sollten mit unseren Kräften haushalten, also folgen wir der Hauptstraße und dann der Landstraße bis zum Sportplatz. Der liegt schon im Eichsfeld. Auf der rechten Seite steht ein beeindruckender alter Grenzstein mit Mainzer Rad und Hohensteiner Halbmond. Wir biegen am ersten Eichsfelder Pilgerstein scharf links ab, laufen an ihm vorbei und finden uns fast sofort wieder auf dem Dünweg wieder, hier ist es der Vollenborner Dünweg.

Vollenborn ist der erste Eichsfeldort. Wir bleiben aber nicht am Waldrand, sondern schlagen uns auf einer Serpentine einen Wanderweg hinauf auf dem Schönberg. Der obere Dünweg verläuft parallel, aber wir sind hier tief unter den Bäumen, es herrscht mehr Ruhe und Stille, außerdem bewegen wir uns in einem ausgewiesenen Naturschutzgebiet und haben noch ein besonderes Ziel vor Augen: das Rondel. Vollenborn bleibt unter uns liegen.

Blick vom Rondel

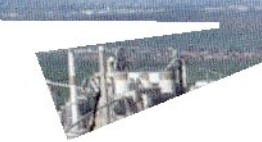

Das Eichsfeld gehörte jahrhundertelang zum Kurfürstentum Mainz, 1803 kam es zu Preußen, dann kurzzeitig zu Frankreich. Auf dem Wiener Kongress wurde das Eichsfeld dann geteilt. Das Obereichsfeld, das heute im Bundesland Thüringen liegt, wurde preußisch, das Untereichsfeld rund um Duderstadt und die Goldene Mark, heute in Niedersachsen, wurde dem Königreich Hannover zugeschlagen.
Wir erreichen das Rondel hoch oben. Der Ausblick in den Eichsfelder Kessel ist bei gutem Wetter fantastisch. Zu Füßen liegt Vollenborn, links das Zementwerk Deuna, davon werden wir später noch mehr sehen. Hier oben sind wir übrigens in einem Plenterwald. Das ist eine Waldform, bei der alle Alters- und Stärkeklassen an Bäumen, hier vor allem Buchen, auf kleinstem Raum vorkommen. Das hat nicht nur ökologische Gründe. Auf Muschelkalk, so heißt es, sei ein Plenterwald bodenpfleglicher als ein reiner Hochwald.
Wir nutzen die willkommene Pause an einer der überdachten Waldschenken, die am Rondel aufgestellt sind, das Picknick haben wir im Rucksack. Wir nehmen uns Zeit, weil wir sie heute wirklich haben. Nur 13 Kilometer lang ist die Etappe, aber es sind auch ordentliche

Förderband Richtung Zementwerk Deuna

Am Weg

Zementwerk Deuna

Nach dem Baustart im Jahr 1968 wurde die Anlage sieben Jahre später als Volkseigener Betrieb (VEB) Eichsfelder Zementwerk Deuna offiziell eingeweiht. Im Werk wurden im Jahr 1988 etwa 2,9 Millionen Tonnen Zementklinker und noch einmal 2,8 Millionen Tonnen Zement hergestellt. Nach der Wende übernahm die Dyckerhoff-Gruppe 1991 den Betrieb, der heute noch mit etwa 200 Mitarbeitern nicht nur der wichtigste Arbeitgeber in der Gemeinde Deuna ist, sondern auch zu den größeren Betrieben im Landkreis Eichsfeld gehört. Bis heute verfügt dieser Standort über einen eigenen Steinbruch und eine Werksbahn mit 24 Kilometern Gleisen. Inzwischen sind Planungen angelaufen, einen Teil des Tagebaus in ein Naturrefugium zurückzuverwandeln und touristisch zu erschließen.

Anstiege dazwischen. Jeder läuft in seinem Tempo. Das ist beim Pilgern ja auch nicht anders. Dann geht es mit neuer Kraft weiter auf dem oberen Dünweg. Ab jetzt wandern wir eine Weile geradeaus, später wieder bergab. Aber erst auf Höhe von Deuna schlagen wir uns in einer Kurve bis ganz hinunter zum unteren Weg. Dort laufen wir dann unter dem Förderband durch, das Rohstoffe vom Tagebau zum Zementwerk befördert. Auch das gehört im Eichsfeld dazu: Nur von großartiger Landschaft können die Menschen schließlich auch hier nicht leben.

Wir übernachten heute in Deuna. Es gibt mehrere Möglichkeiten, unter anderem die Gaststätte „Zum weißen Roß“ oder die Pension Hildebrandt. Beide sind nicht weit voneinander entfernt und gleich am Ortseingang vom unteren Dünweg aus schnell erreichbar. Schützenhaus, Festhalle, dann kommt schon die Pension, wenige Meter weiter die Gaststätte. Sind größere Gruppen angemeldet, dann kann auch der Bürgermeister etwas organisieren.

Tipp

Wasserburg Deuna

Wer noch laufen kann, kann sich das schmucke Dorf ansehen und auch einmal um die Wasserburg wandern, die heute ein Seniorenheim beherbergt. Erstmals erwähnt wurde sie 1262. Aber wie es so ist, mehrfach musste sie nach Kriegen und Fehden wieder aufgebaut werden. Martin Luther soll 1515 hier als Gast der Familie von Hagen genächtigt haben. Sie ist in der Friedensstraße zu finden, durch die Sandgasse sind es nur ein paar Meter zu ihr.

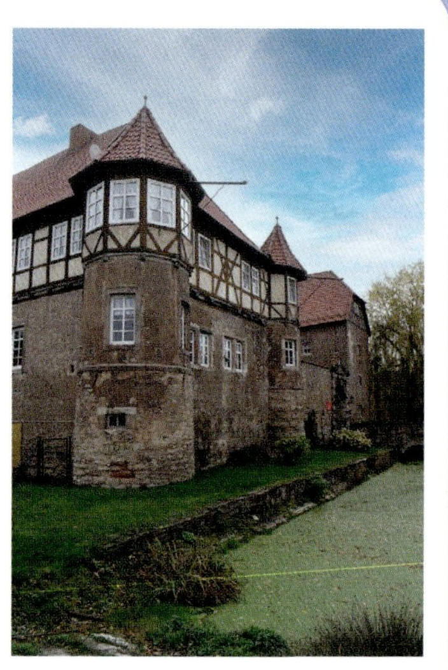

Gastronomie:

Zum Deutschen Haus, Halle-Kasseler-Straße 37, 99759 Sollstedt, Telefon 036338/48440, www.facebook.com/Zum-Deutschen-Haus

Thüringer Hof, Hauptstraße 24 a, 99759 Rehungen, reduzierte Öffnungszeiten mit kleiner Karte, aber seit Jahrhunderten in Betrieb. 036338/60083, www.facebook.com/thueringer.hof.rehungen

Gaststätte „Zum weißen Roß“, Zum Hinterdorf 51, 37355 Deuna, Telefon 036076/41248, 0177/3148523, www.gaststaette-pension-deuna.de

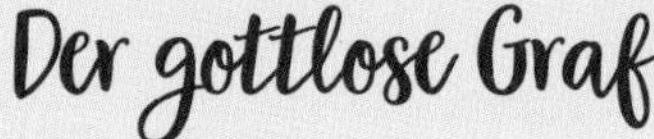

Der gottlose Graf

Es ist einige Jahrhunderte her, da lebte in Deuna ein Graf, der als gottloser Mensch bekannt war. Er war so vermessen, dass er einst auf dem Hülfensberg im Südeichsfeld, gerade als die Prozession um das Allerheiligste zog, nach der Monstranz geschossen haben soll. Die Gläubigen waren so entsetzt über diesen ungeheuerlichen Frevel, dass ein Tumult ausbrach, währenddessen der Graf fliehen konnte. Zwar kam der Graf wieder heil in Deuna an, aber die Sache hatte ein Nachspiel. Nicht lange darauf traf bei ihm der Befehl ein, sich in Mainz beim Kurfürsten für den Vorfall zu verantworten. Mit vier Pferden machte sich der Graf auf den Weg, wo ihn die Richter zum Tode verurteilten. Der Kurfürst aber, recht milde gestimmt, änderte das Urteil ab, zur Strafe sollte der Graf die vier edlen Rösser in Mainz lassen, um sie zu verkaufen und den Erlös für die Anschaffung einer neuen Monstranz für den Hülfensberg zu verwenden. Auch musste er geloben, sich ohne Hut und Stock zu Fuß zurück nach Deuna zu begeben. Als er dort ankam und ihn die Leute verwundert fragten, warum er denn ohne Hut und Stock komme, soll er nur gesagt haben: „Besser ohne Hut und Stock als ohne Kopf."

Woher Vollenborn seinen Namen hat

In alten Zeiten hieß das Dorf Vollenborn einfach nur Born, erzählt die Sage. Auch wenn es ein gutes Stück weg war, so mussten die Einwohner genau wie andere Dörfer Frondienste im Kloster Beuren leisten. Die Börner hatten den weitesten Weg von allen und kamen deswegen auch regelmäßig zu spät. In Beuren wurde es zum Spaß für alle, wenn sie der Börner ansichtig wurden, ihnen schon aus Schabernack entgegenzurufen: „Da komme de fulen Börner", also „Da kommen die faulen Börner". So wandelte sich der Name von Born in Fulenborn, dann in Faulenborn und schließlich bis heute in Vollenborn. Aber die Vollenborner waren damals wie heute genauso fleißig wie der Rest der Eichsfelder und trugen den Spottnamen zu Unrecht.

Tour 1

Startpunkt

Zielpunkt

Parkplatz

Gastronomie

Sehenswürdigkeit

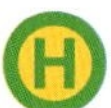
Haltestelle

Naturerlebnis

Aussichtspunkt

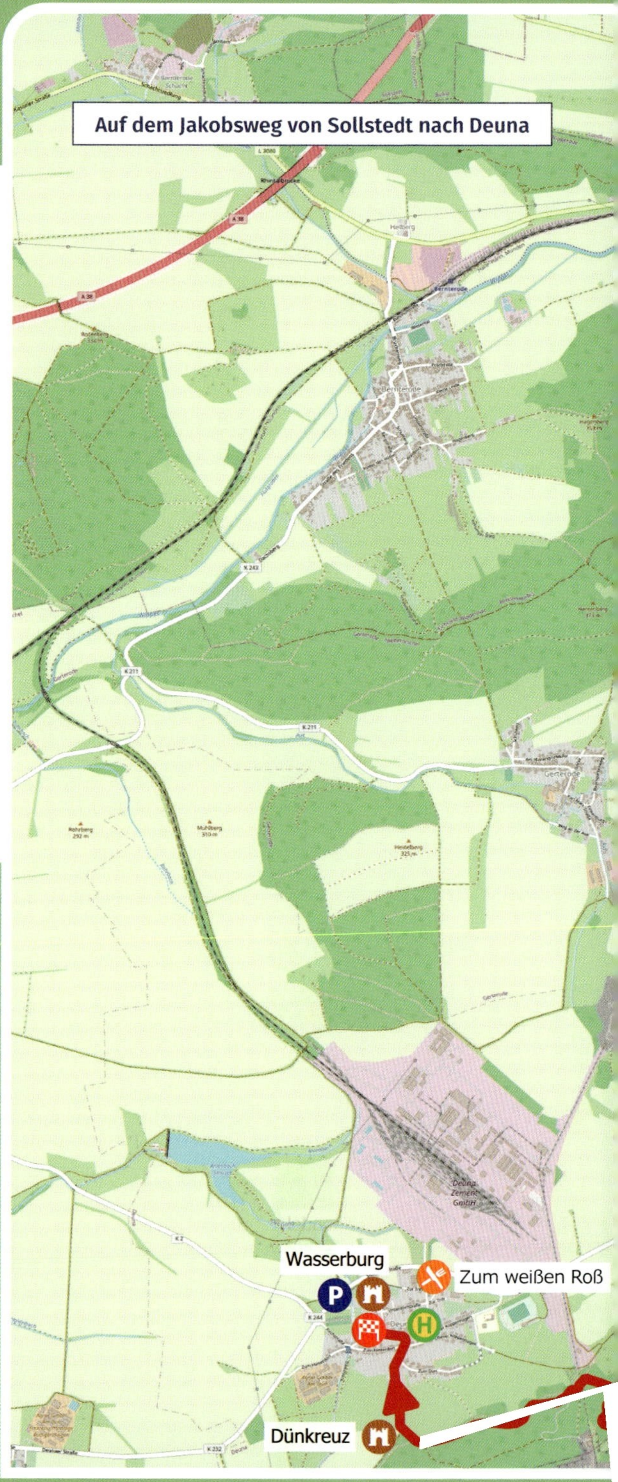

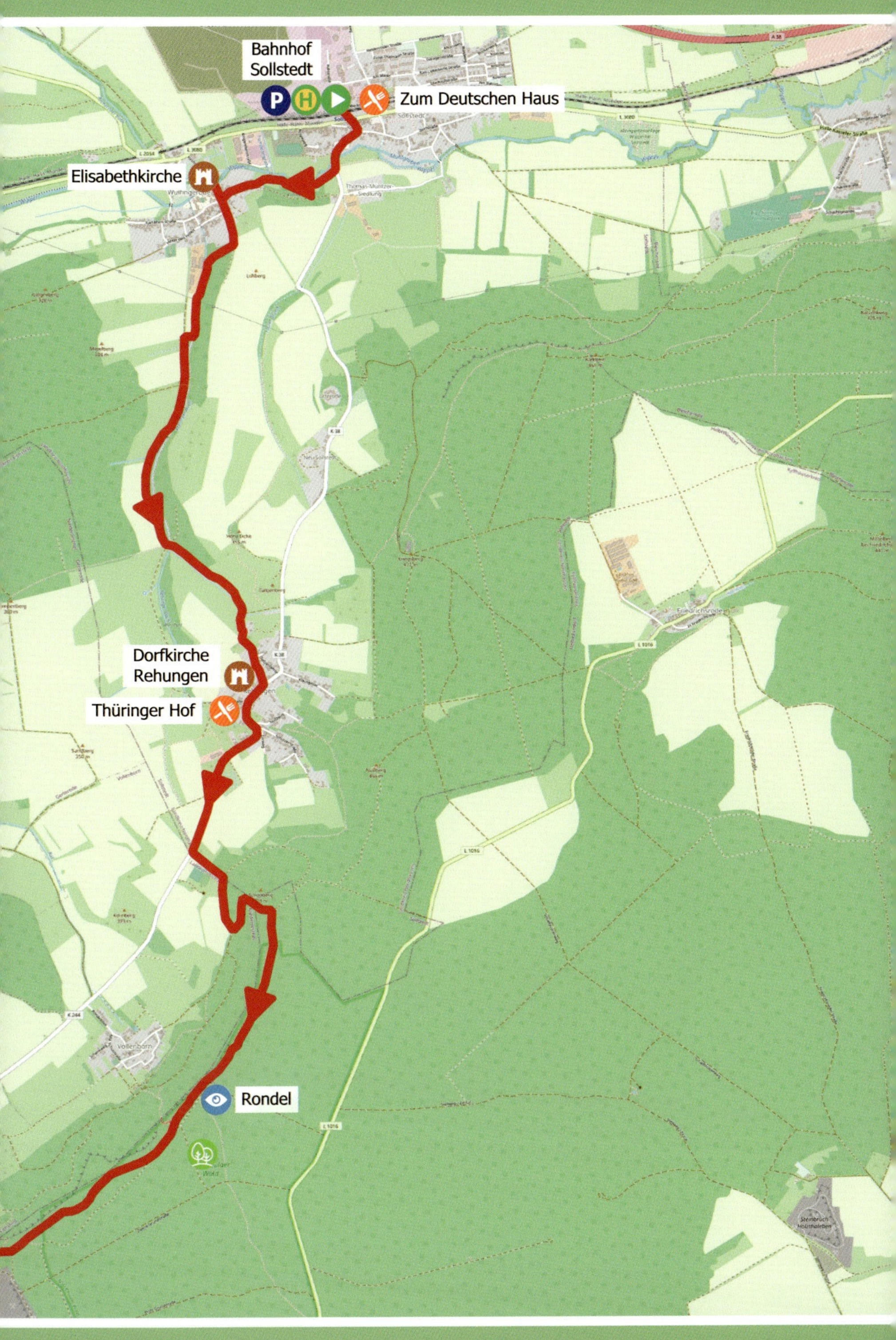
Bahnhof Sollstedt
Zum Deutschen Haus
Elisabethkirche
Dorfkirche Rehungen
Thüringer Hof
Rondel

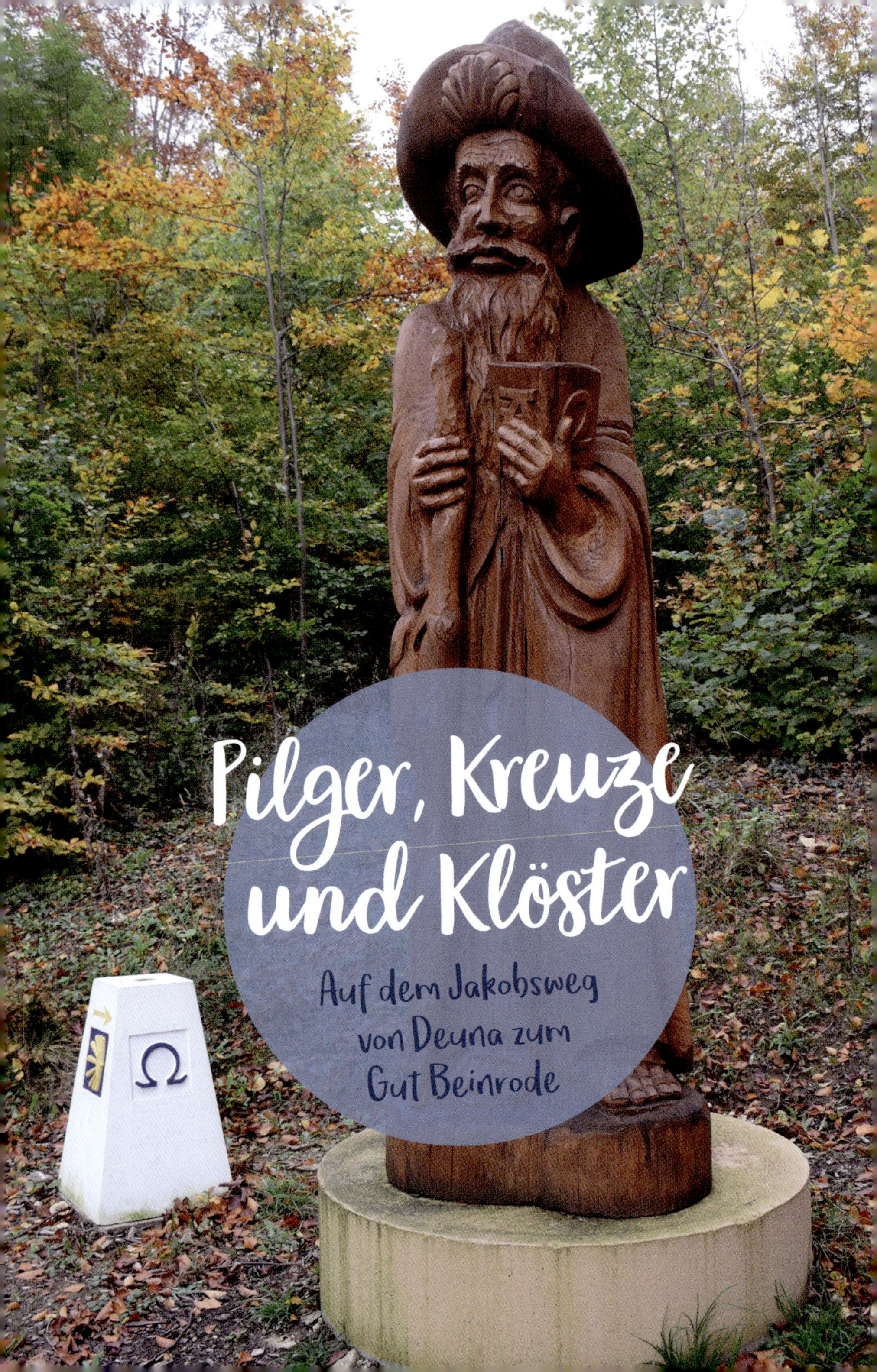
Pilger, Kreuze und Klöster
Auf dem Jakobsweg von Deuna zum Gut Beinrode
Ω

Ein steinernes Glaubenszeugnis ist wie geschaffen für den Beginn eines wahren Pilgertages. Auf der zweiten Etappe des Eichsfelder Jakobswegs geht es nicht nur um prächtige Natur, sondern auch um stumme Zeugen vergangener Zeiten, die es in die Moderne geschafft haben, ohne ihren Charme und ihre Aussage zu verlieren. Die Wanderung wird uns zu prachtvollen Bauten und friedlichen Teichen führen. Aber auch sagenhafte Orte und Stätten der Einkehr liegen während der gesamten zweiten Etappe des historischen Pilgerweges direkt am Weg.

Tour 2

5,00 Std.

17 km

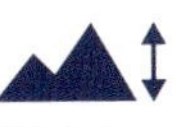
360 Meter

Start: Festhalle Deuna, Zum Dün 27, 37355 Deuna
Ziel: Gut Beinrode, Am Gut Beinrode 3, 37327 Leinefelde
Wegbeschaffenheit: meist befestigte und naturnahe Wanderwege
Parken: in Deuna und am Zielpunkt am Gut Beinrode
Anreise mit ÖPNV: Bushaltestelle Deuna Mitte

Wegbeschreibung: Die zweite Etappe unserer Wanderung ist ein paar Kilometer länger als die erste auf dem Jakobsweg. Wir starten an der Festhalle Deuna, laufen die Straße „Zum Dün" zurück zum unteren Dünweg und wenden uns nach Westen.

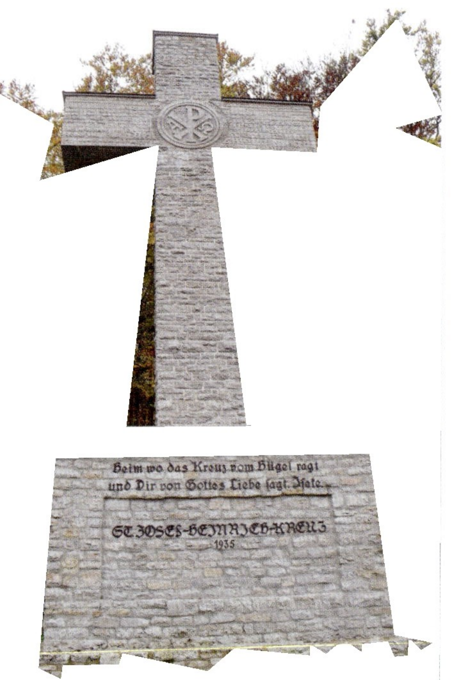

Das Dünkreuz in Deuna ist ein besonderes Glaubenszeichen.

An der Gabelung am Dünweg gehen wir nach rechts. Jetzt kommen wir zur Jakobusfigur. Drei Meter ist sie hoch. Geschnitzt hat sie der Bildhauer Heinz Günther aus Hüpstedt, das ebenfalls am Dün liegt. Etwa 100 Meter weiter steht das Deunaer Dünkreuz. 15 Meter ist es hoch und von allen Orten im Eichsfelder Kessel zu sehen, obwohl es nicht auf der Höhe liegt. Gottesdienste finden hier ab und an statt. Viele Orte im Eichsfeld haben ein Wetterkreuz in der Feldflur oder auf einem Hügel. Meist sind sie aus Holz. Das Deunaer Kreuz aber sollte man sich näher ansehen. Es ist aus Stein, aus dem Muschelkalk der Region, wuchtig und scheint jedem Unwetter trotzen zu können. Der massive Sockel des 1935 errichteten Kreuzes trägt zwei Zeilen aus dem Eichsfeldlied: „Heim, wo das Kreuz vom Hügel ragt und Dir von Gottes Liebe sagt". Bekannt ist es auch als St.-Josef-Heinrich-Kreuz und bildet das Ende des Stationsweges von Deuna.

Von hier eröffnen sich wunderbare Fernsichten, das Wetter lässt uns heute etwas weiter blicken, gut, auch die auf das Zementwerk ist mit dabei. Aber Niederorschel ist zu sehen, Gernrode und viele Dörfer mehr. Wer möchte, kann sich auch die kleine Kapelle ansehen oder ein Gebet zur Muttergottes richten. Ihr ist das Kapellchen geweiht. In

der Nähe, einige Meter unterhalb des Kreuzes, steht auch eine etwa 400 Jahre alte Linde, die bereits den Dreißigjährigen Krieg überstanden hat, auch entspringt bei ihr der Walsborn, um dem sich eine Sage rankt. Nicht zuletzt ist noch ein barocker Bildstock an der Linde zu finden, er datiert auf das Jahr 1787.
Wir können uns von diesem Ort kaum trennen. Aber es hilft nichts. Bis zum Gut Beinrode wollen und müssen wir es schaffen. Auf dem unteren Dünweg bleiben wir nur wenige Meter. Hinter dem „Rübenschnellweg", wie die Eichsfelder asphaltierte einspurige landwirtwirtschaftliche Pisten nennen, nehmen wir den naturbelassenen Pfad, um wieder etwas höher an die Flanke des Düns zu kommen. Oben im Wald hört man die Vögel doch noch besser zwitschern. Nach und nach geht es wieder etwas bergab nach Rüdigershagen. Wir kommen über die Torstraße in den Ort, biegen mit ihr nach links ab und folgen ihr weiter bis zur Karl-Marx-Straße. Ja, auch im Eichsfeld hat der Name das eine oder andere Mal überlebt. 15 Meter bleiben wir hier, dann gehen wir links durch die Brückengasse und die Lädenstraße entlang wieder aus dem Dorf hinaus. Allerdings müssen wir jetzt einen Umweg in Kauf nehmen, weil der untere Dünweg, auf den wir wieder treffen wollten, unterbrochen ist. Wann ein Lückenschluss erfolgt, ist noch nicht sicher. Nun geht es rechts ins Unterdorf, dort bleiben wir auf dem breiten Weg geradeaus, und nach etwa 300 Metern wieder links. Vorher gibt es keine Möglichkeit, die vielbefahrene L 1015 zu queren. Auf unserem gewählten Weg leitet uns aber eine Unterführung sicher auf die andere Seite und wieder zurück zum Dün und seinem Wanderweg.
Immer weiter geht es auf dem Dünweg. Zwischen den Bäumen sehen wir ab und an das kleine Dorf Kleinbartloff aufblitzen. Jetzt haben wir einige Serpentinen bergauf vor uns, um wieder die Schichtstufe des Düns zu überwinden. Oben angekommen laufen wir eine ganze Weile auf der Höhe an der Kante entlang. Wir sehen ein Hinweisschild zur Alten Burg Reifenstein. Auch sie ist Schauplatz einer Eichsfelder Sage. Als mittelalterliche Spornburg war sie einst mit Wällen und Gräben ausgestattet. Ausgrabungen haben im Burginneren Hausstellen mit Keramik des 10. und 11. Jahrhunderts zutage gefördert. Es soll sogar schon

einen Vorgängerbau, eine große Fluchtburg aus der frühen Eisenzeit, im 8. bis 5. Jahrhundert vor unserer Zeit dort gegeben haben. Zu sehen gibt es eigentlich nichts mehr, außer einer Schutzhütte und einer Tafel des Landesamtes für Archäologie und Denkmalpflege Weimar, die das Areal als geschütztes Bodendenkmal ausgewiesen hat. Wer genau schaut, kann noch Wälle und kleine Mauerreste entdecken. Allerdings lohnt der Abstecher von etwa 100 Metern trotzdem, weil es von dort eine schöne Aussicht auf Burg Scharfenstein gibt.

Nun geht es steil nach unten, wo wir bald auf die Mauer des Klosters Reifenstein sehen. Dort wählen wir aber nicht den nach links schwenkenden Weg, sondern bleiben auf dem breiten geradeaus, so dass wir die Klostermauer zur Linken haben. Der Weg schlängelt sich entlang der Mauer des früheren Zisterzienserklosters, das heute das Haus Reifenstein des Eichsfeld-Klinikums beherbergt. Das Areal ist riesig. Einen Teich gibt es dort und einen kleinen Barockgarten. Über die Kleinbartloffer Straße gelangen wir links wieder an die Zufahrt zum Klinikum. Rechts befindet sich das Domizil des Naturschutzbundes Obereichsfeld, uns interessiert aber vielmehr die Klosterkirche. Natürlich schauen wir uns dieses barocke Kleinod an, ehe wir uns auf die letzte Etappe unserer Wanderung machen.

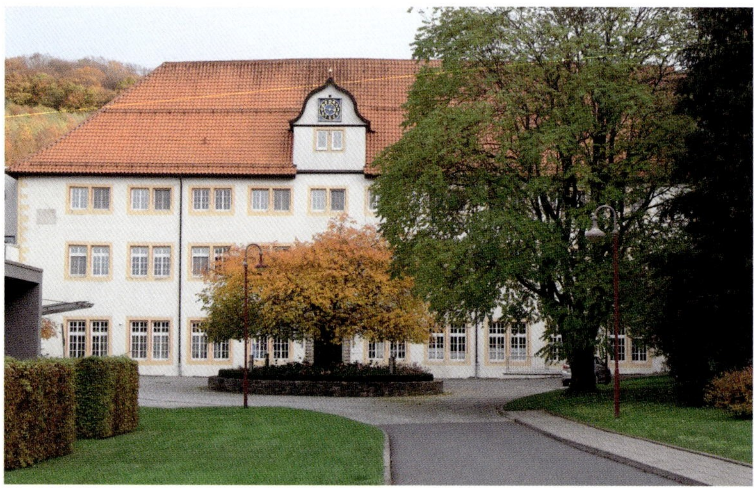

Das alte Kloster wird als Krankenhaus genutzt.

Am Weg

Klosterkirche Reifenstein

Das Kloster wurde 1162 von Graf Ernst II. von Tonna-Gleichen gestiftet. Im Bauernkrieg musste es richtig Federn lassen, 1585 wurde es wieder aufgebaut. Dann kam der Dreißigjährige Krieg, wonach es 1650 erneut wiedererrichtet wurde. Der Südflügel folgte erst in den Jahren 1737 bis 1743. Darum ist die Klosterkirche ein Prachtstück barocker Architektur. Vor allem das Portal ist beeindruckend. 1803, mit der Machtübernahme der Preußen, wurde das Kloster aufgehoben, erlebte mehrere Nutzungen, unter anderem als Landfrauenschule, bis es 1949 Krankenhaus wurde. Die Kirche dient seit 1995 als Konzertsaal. Ivan Rebroff zum Beispiel hat die Akustik für seine Bassstimme ordentlich genutzt.

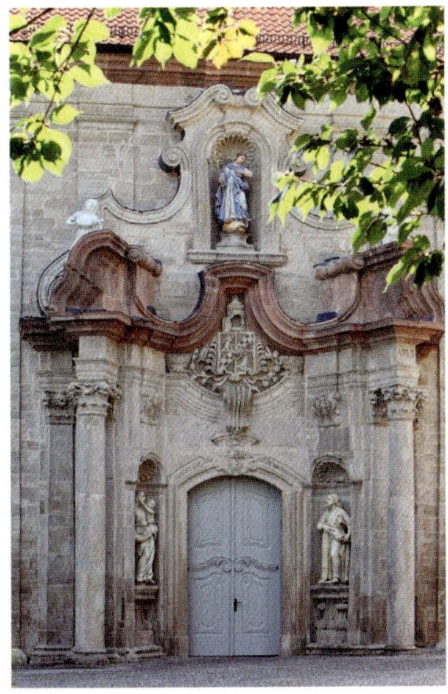

Das Portal der Klosterkirche Reifenstein

Ohnestau bei Birkungen

Der Ohnestau ist einer von nur zwei größeren Seen im Eichsfeld. Aber er ist künstlich angelegt. Als Talsperre diente das 35 Hektar große Gewässer als Brauchwasserspeicher für das Zementwerk Deuna. Angelegt wurde er 1987. Heute ist er ein Puffer für Hochwasserschutz und hat sich als Naturjuwel gemausert. Baden ist nicht erlaubt, ein Rundwanderweg führt um den See, es lassen sich seltene Tiere beobachten. Ab und an trainiert die Wasserwacht auf dem See oder werden unter Aufsicht Olympiaden des Feuerwehrnachwuchses dort veranstaltet.

Wir überqueren jetzt die Hauptstraße, bleiben geradeaus und halten uns in der Dingelstädter Straße entlang der Einfamilienhäuser. Dann kommt ein kleiner Wanderparkplatz, wir folgen der Straße in ihre Linkskurve und nach etwa 100 Metern liegt rechts ein größerer Stausee, links befindet sich das Hotel Reifenstein. Für uns geht es weiter geradeaus, es kommt noch ein kleinerer Teich, dann die gemauerte Eselsquelle. Irgendwo muss das Wasser ja schließlich herkommen. Eine lang gezogene, enge Haarnadelkurve bringt uns wieder an den Waldrand Richtung Birkungen. Rechts können wir ab und an einen Zug hören, die Bahnlinie Leinefelde–Erfurt führt hier entlang. Der Feldweg leitet uns zum Dorfrand von Birkungen. „An der Station" heißt die Straße. Wir wenden uns wieder links und erreichen nach gut 200 Metern und einem scharfen Schwenk nach rechts eine Kapelle mit Kreuzweg und einer wunderschönen Grotte. Der Ölgarten hier ist weit in der Umgebung bekannt. Die Kirmesburschen von Birkungen kümmern sich um das Areal. Wir bleiben weiter auf dem Weg, wählen an der Gabelung den linken Pfad, der uns wieder zur Straße „Bei der Station" führt. Ihr folgen wir bis zur Beinröder Straße, biegen links ab, wandern an der Sportanlage vorbei, unterqueren die B 247 und folgen der Piste weiter. Nur noch einmal müssen wir über die alte B 247 und sind an unserem Ziel angekommen, wir sind nach 18 Kilometern Wanderstrecke auf Gut Beinrode. Das wurde 1729 als Wirtschaftshof für das Kloster Reifenstein erbaut und erinnert an ein barockes Landschloss.

Im Kreuzungsbereich, wenn man von Beuren her kommt, sieht man gegenüber des Pilgersteins einen Jakobusbildstock. Der ist ziemlich neu, entstand auf Privatinitiative und zeugt davon, dass auch im 21. Jahrhundert der Glaube im Eichsfeld nicht nachlässt. Vor dem Gut ist eine Bushaltestelle. Von dort gelangt man schnell nach Leinefelde und damit zum Bahnanschluss. Wer möchte, kann auch der nahe gelegenen Burg Scharfenstein einen Besuch abstatten.

Tipp

Burg Scharfenstein

Unweit vom Endpunkt der Wanderung oben auf dem Dün befindet sich die Burg Scharfenstein. Sie ist eine Spornburg und wurde 1209 zum ersten Mal erwähnt. Von der Burgterrasse bietet sich ein großartiger Panoramablick über Beuren in den Norden des Eichsfeldes bis zum Brocken im Harz. Im 14. Jahrhundert wurde sie als Pfandamt ausgebaut. 1909 brannte die Burg nach einem Blitzschlag nieder und wurde wieder saniert. Nach dem Zweiten Weltkrieg wurde sie Volkseigentum und ab 1960 ein Ferienheim. 2002 ging die Burg in den Besitz der Stadt Leinefelde-Worbis über, die sie erneut restaurierte. Sie wird als Hotel, Ausflugsziel und Standesamt genutzt. Außerdem beherbergt sie die Whiskywelt und ist Schauplatz großer Konzerte, im Open-Air-Bereich vor der Burg finden mehrere tausend Menschen Platz.

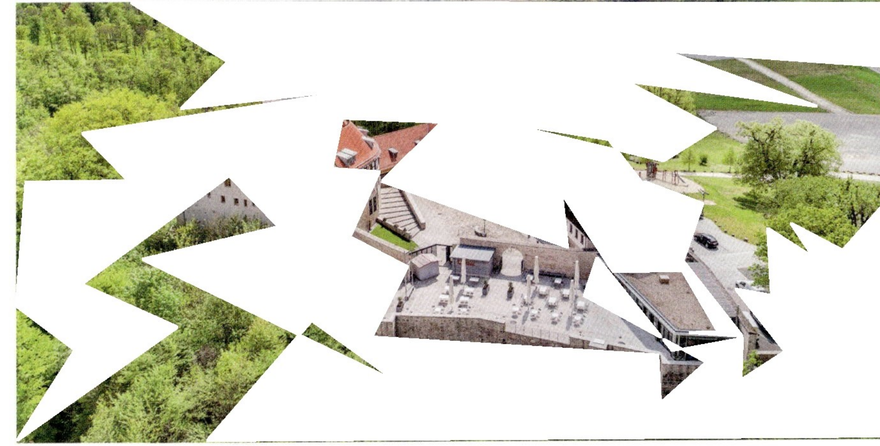

Gastronomie:

Hotel Reifenstein, Am Sonder, 37355 Reifenstein, Telefon 036076/470, www.hotel-reifenstein.de

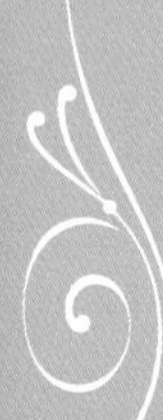

Die verstopfte Quelle

An dem heute noch „Alte Burg“ genannten, rund 150 Meter hohen Vorsprung über dem ehemaligen Kloster Reifenstein soll sich genau unter dem früheren Gemäuer eine gewaltige Quelle befinden. Doch deren Sprudelloch ist verstopft. Wie die Legende erzählt, hat es dort früher einen Brunnen gegeben, dessen Wasser übermütig über die Steine sprang und ins Tal floss, wo es von den Zisterziensern als Trinkwasser sehr geschätzt wurde. Eines Tages aber gab es ein gewaltiges Krachen im Inneren des Berges. Anstelle des Brunnens schoss ein gewaltiger Wasserstrahl hervor, der Felder und Fluren zu überschwemmen drohte. Alle Mühe, die sich die Menschen gaben, waren vergebens: Das Sprudelloch ließ sich einfach nicht verschließen. Egal was man hineinstopfte – alles wurde sofort wieder von den Wassermassen fortgerissen. Jetzt war guter Rat teuer. Im Kloster Reifenstein aber lebte ein alter, frommer Bruder, der Tag und Nacht den lieben Gott anflehte, das Unheil zu beenden. Eines Nachts aber hatte er einen Traum: Das Sprudelloch lasse sich schließen, wenn ein weißes Messgewand hineingelegt würde, das nur einmal von einem jungen Priester bei dessen Primiz getragen wurde. Ganz früh am Morgen eilte der Bruder zu seinem Abt und erzählte ihm seinen Traum. Der Abt lächelte, zuckte aber mit den Schultern. „Träume sind Schäume, aber was soll's. Wir können es versuchen, wir haben zufällig solch ein Messgewand.“ Beide wandten sich zur Sakristei, und der Abt übergab ihm ein weißes Messgewand, dass er selbst nur einmal bei seiner Primiz getragen hatte.
Der Bruder eilte nun mit dem Messgewand zur Quelle, wickelte es um einen großen Stein und verstopfte das Sprudelloch. Zur gleichen Sekunde versiegte das Wasser und rieselte im Brunnen so gemächlich wie vor dem Unheil. Alle tausend Jahre, so heißt es in der Sage, verfault von diesem Messgewand nur ein Faden. Sobald der letzte verwest ist, wird das Wasser wieder mit Gewalt aus dem Berg strömen und alles mit sich reißen. Dann aber sei auch das Ende der Welt gekommen.

Der Walsborn bei Deuna

Am Deunaer Dünkreuz steht eine über 400-jährige Linde. Unter ihr entspringt eine klare Quelle, der Walsborn. Walsborn und Kreuz sind ein Andachtsort, es ist den Deuaern sozusagen angeboren, hierher zu kommen, Gottesdienste zu feiern oder ein stilles Gebet zu sprechen. Einst soll hier sogar ein Kloster gestanden haben, Spuren davon sind auch gefunden worden. Die Deunaer sind fest davon überzeugt, dass neben dem Walsborn ein Messgewand vergraben liegt. Jährlich soll von diesem ein Faden verfaulen. Man sagt, sobald der letzte Faden verwest ist, werden die drei benachbarten Dörfer Deuna, Niederorschel und Rüdigershagen untergehen.

Wie Reifenstein zu seinem Namen kam

Das frühere Zisterzienserkloster Reifenstein, auch Rivenstein, Riphenstein und Rifenstein in der Geschichte geheißen, liegt in einer engen Waldschlucht herrlich zu Füßen des Düns. Die alte Klosterkirche zeugt heute noch von der damaligen Pracht. Die Gründung geht auf das Jahr 1162 zurück. Erst mit dem Einzug der Preußen 1803 ins Eichsfeld wurde es aufgehoben und zu einer staatlichen Domäne gemacht.
Wie der Name Reifenstein entstand, das erzählt eine Sage. Demnach kam einst ein Kriegsobrist König Attilas in diese Gegend. Sein Name war Rive. Die Landschaft gefiel ihm so gut, dass er den Entschluss fasste, sich hier niederzulassen. Er suchte einen Berg aus und baute darauf eine Burg. Er benannte sie nach sich selbst Rivestein. Heute zeugt kaum noch ein Stein von dieser Burg, aber der Platz, wo sie einst stand, wird heute noch „Alte Burg" genannt. Ein Teil des Waldes trägt heute noch den Namen Burghagen.

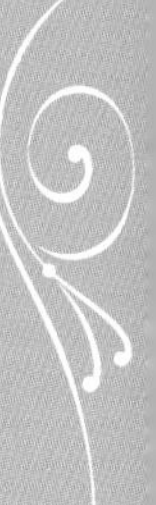

Tour 2

 Startpunkt

 Zielpunkt

 Parkplatz

 Gastronomie

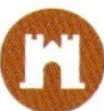 Sehenswürdigkeit

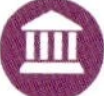 Kulturstätte

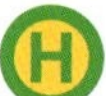 Haltestelle

 Aussichtspunkt

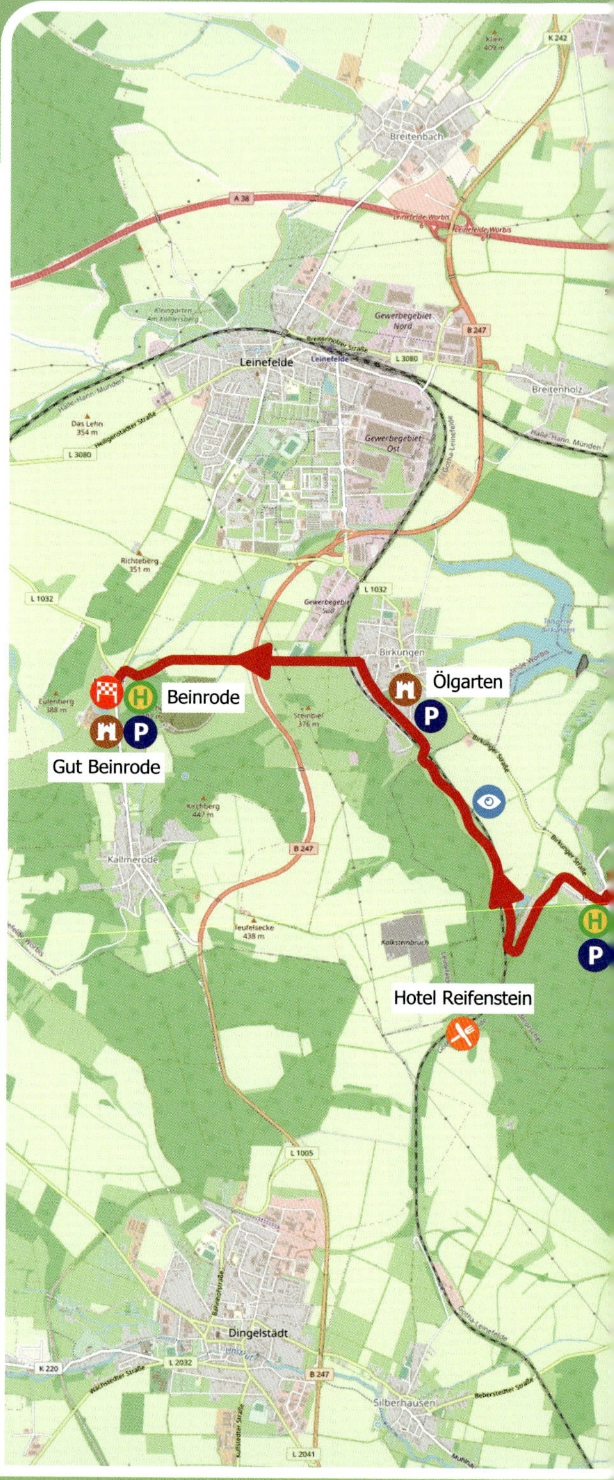

Beinrode

Gut Beinrode

Ölgarten

Hotel Reifenstein

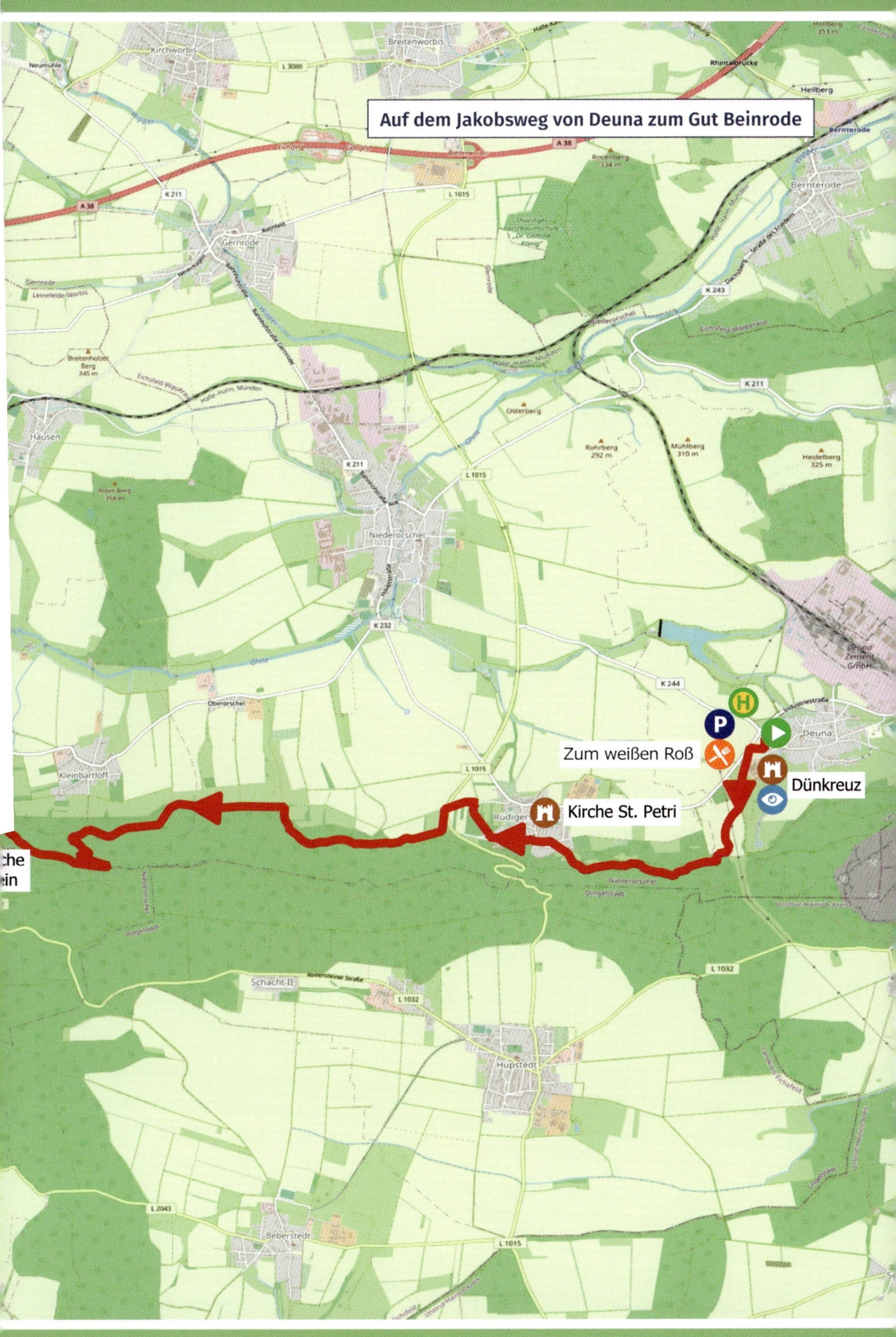
Auf dem Jakobsweg von Deuna zum Gut Beinrode
Zum weißen Roß
Kirche St. Petri
Dünkreuz
Deuna
Rüdigershagen
Niederorschel
Gernrode
Kirchworbis
Breitenworbis
Bernterode
Hausen
Oberorschel
Kleinbartloff
Schacht II
Hupstedt
Beberstedt
Deuna Zement GmbH
Osterberg
Rohrberg 292 m
Mühlberg 310 m
Heidelberg 325 m
Rosenberg 334 m
Roter Berg 356 m
Breitenholzer Berg 345 m
A 38
K 211
K 232
K 243
K 244
L 1015
L 1032
L 2043
L 3080
Ohne
Wipper
Industriestraße
che
ein

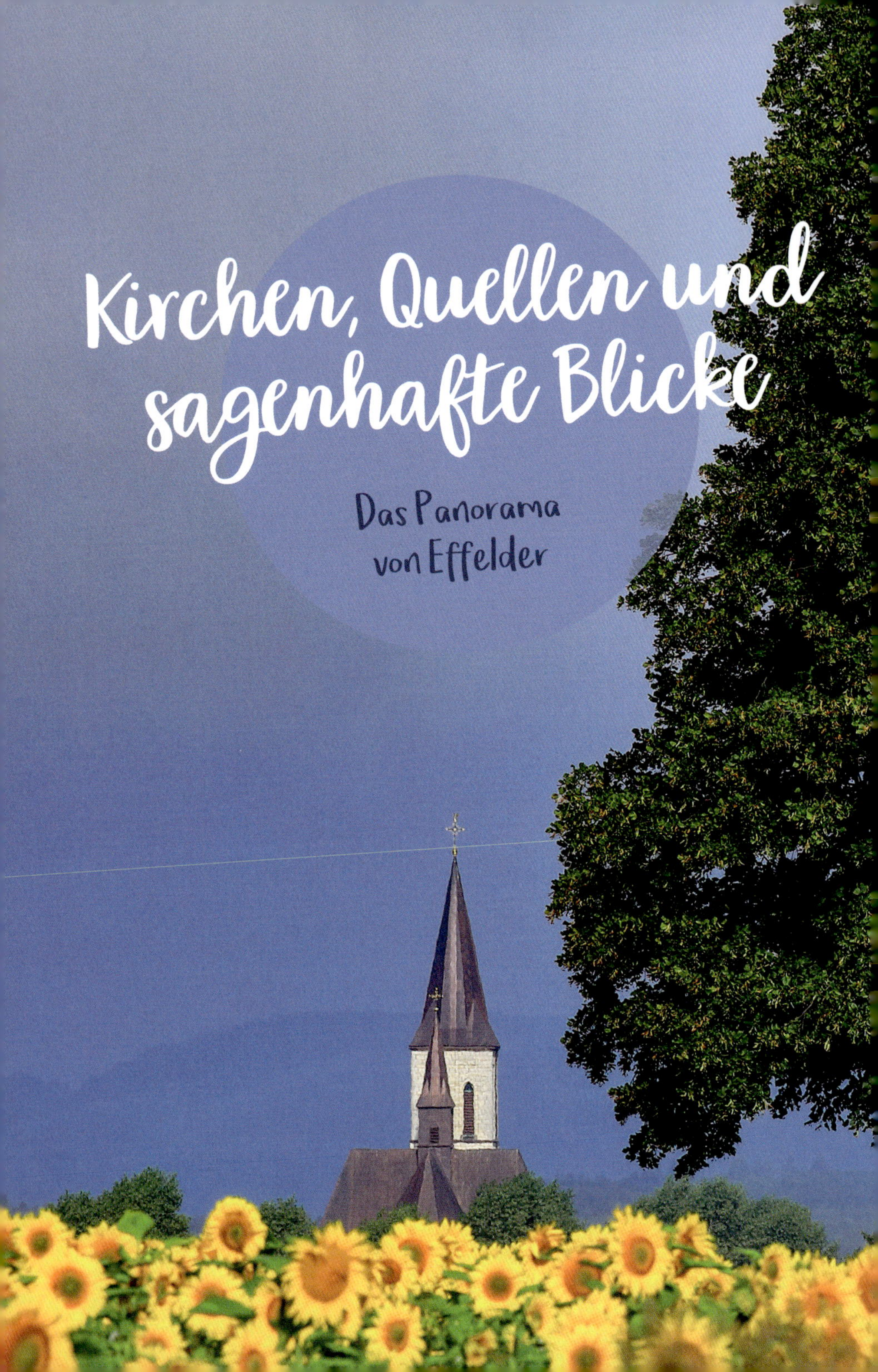
Kirchen, Quellen und sagenhafte Blicke
Das Panorama von Effelder

Im Süden des Landkreises Eichsfeld bietet sich dem Auge des Betrachters eine Landschaft, die von sanften Hügeln, weiten Blicken und tiefen Tälern geprägt ist. Und dort, in Effelder, steht der Eichsfelder Dom. Diese Kirche macht für eine Dorfkirche schon einiges her. Sie weist eine stattliche Grundfläche von 24 mal 40 Metern auf und besitzt einen 56 Meter hohen Turm. Noch dazu ist sie an einem so exponierten Platz erbaut, dass sie die Landschaft überstrahlt und eine wichtige Wegmarke ist. St. Alban liegt auf 480 Meter Höhe über dem Meeresspiegel und ist damit die höchstgelegene Kirche im Eichsfeld. Ist das Wetter richtig gut, kann man von hier aus sogar den 67 Kilometer entfernten Brocken im Harz sehen.

Tour 3

4:30 Std.

16,7 km

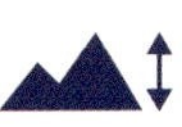
180 Meter

Start/Ziel: Kirche St. Alban in Effelder, Kirchberg 1, 37359 Effelder
Wegbeschaffenheit: wenig Asphalt, zumeist Feldwege, naturbelassene und naturnahe Wege
Parken: an der Kirche oder an der Festhalle Effelder, Schützenstraße 1, 37359 Effelder
Anreise mit ÖPNV: Bushaltestelle Effelder Kirche

Wegbeschreibung: Wir starten an der eindrucksvollen Kirche, die auch wieder unser Ziel sein wird. Offiziell ist die Festhalle Start und Ziel der Rundwanderung. Aber die Kirche wird auch von Wanderführung gern als Startmarke genutzt. 16,7 Kilometer liegen vor uns, falls wir nicht eine Abkürzung nehmen wollen. Empfohlen wird eigentlich, den Weg entgegen dem Uhrzeigersinn zu laufen. Wir aber wollen es genau andersherum versuchen.

Zunächst laufen wir im Ort auf asphaltierten Straßen Richtung Trift. Dort können wir schon die Fotoapparate zücken. Es bietet sich bei klarem Wetter der erste Panoramablick über den Ammerschen Berg, den Muhlienberg und die Boyneburg in Hessen bis zum Alheimer bei Rothenburg an der Fulda. Wenn man den Uhlenstein erspäht hat, dann reicht der Blick dahinter zum Hohen Meißner und auf die Gobert, den höchsten Höhenzug des Eichsfeldes, der die beiden Bundesländer Thüringen und Hessen trennt.

Wir schlagen uns nach rechts und folgen als Wanderwegzeichen dem weißen T im gestrichelten Kreis auf grünem Untergrund. Es geht nun durch offenes Land und wogende Felder. Auf dem Untergrund lässt es sich gut laufen, ein Schotterweg führt uns, zu großen Teilen sehr naturnah gestaltet. An den dicken Linden halten wir uns rechts, nicht ohne dem Bildstock etwas Aufmerksamkeit zu schenken. Er ist der Dreifaltigkeits-Bildstock. Die Linde, die ihn überschattet, heißt deshalb in Effelder auch „Dreifaltigkeitslinde". Die andere sollte auch nicht namenlos bleiben. Sie wurde von den Effelderschen „Rastplatzlinde" getauft. So lassen sie sich auch besser auseinanderhalten, jeder im Dorf weiß dann, welche gemeint ist.

Es geht immer geradeaus, nur ab und an macht der Wanderweg eine kleine Biegung. Links neben uns zieht sich schon Wald, rechts sind Felder, dahinter liegt bereits wieder ein Wald, in dem der Rottenbach verläuft. Unser Zwischenziel ist der Uhlenstein, von dem sich wieder ein Panoramablick bietet. Wir hätten auch darauf verzichten und gleich hinter Effelder die naturbelassene Abkürzung durch das mystische Rottenbachtal hinunter in Richtung Luttergrund nehmen können. Doch die wenigen Kilometer, die man dadurch spart, es sind maximal zwei bis zweieinhalb, nehmen wir in Kauf.

Inzwischen sind wir in den Wald eingetaucht und nähern uns dem Uhlenstein. Scharf rechts geht es ab. Immer unter einem grünem Blätterdach haben wir ihn schnell erreicht. Etwa drei Kilometer liegen jetzt hinter uns. Es eröffnet sich ein großartiges Panorama auf den Hohen Meißner in Hessen und hinunter in den Luttergrund. Den werden wir uns bald näher ansehen auf den vor uns liegenden Kilometern.

Jetzt führt uns der Weg im Wald recht kurvig bergab. Auf der Talsohle angekommen liegt Großbartloff vor uns, ein lang gezogenes schmuckes Eichsfelddorf. Es geht auf Asphalt weiter, aber das macht nichts. Großbartloff lassen wir regelrecht links liegen, denn an der Lutter, das kleine Flüsschen, das hier durch das Tal strömt, erwartet uns ein regelrechtes Kleinod. Der Wasserfall der Lutter. Wie kleine Klippen ragen die Ufer empor, das ganze Örtchen unter dichten Baumkronen wirkt regelrecht verwunschen. Eine Sandsteintreppe führt hinunter, versehen mit einem Geländer. Moosbedeckte Steine liegen im Becken unter dem Fall, schaut man wieder nach oben, spannt sich ein hübscher Brückenbogen über die Lutter. Richtig breit wird das Bächlein hier. Hätten wir die Abkürzung genommen, wäre sie hier in der Nähe wieder auf die Hauptroute getroffen. Im Sommer können sich Wanderer am Wasserfall gern auch die erhitzten Füße in den Fluten kühlen. Sogar eine Waldschenke gibt es hier.

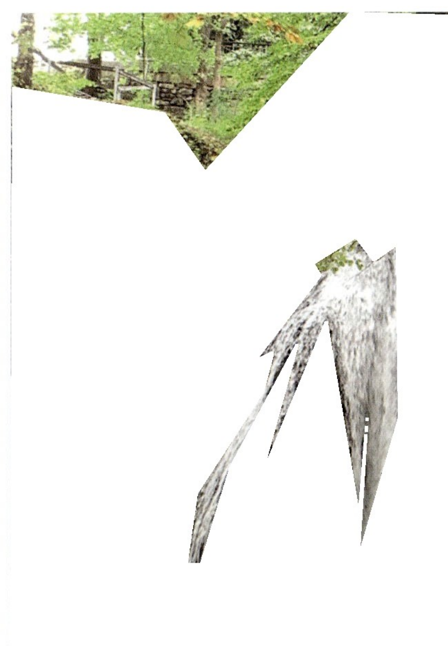

Der Wasserfall von Großbartloff

Wir verlassen den Lutterfall wieder und halten uns Richtung Wald, wenden uns nach knapp 50 Metern nach links, denn es liegt noch ein gutes Stück Weg vor uns. Der Schotterweg, dem wir Richtung Süden folgen, ist auch Teil des großen Naturparkweges, der von Fürstenha-

gen bis nach Creuzburg im Wartburgkreis führt und über mehrere Tagesetappen verläuft. Effelder und seine wunderbare Landschaft liegen im Naturpark Eichsfeld-Hainich-Werratal.
Jetzt geht es in Richtung Luttergrund, nach 500 Metern durch offenes Feld mit Bäumen entlang des Weges tauchen wir wieder ins Grüne ein und halten uns an der nächsten Kreuzung halb links. Die Lutter begleitet uns linker Hand. Schon erhaschen wir einen ersten Blick auf die Klostermühle, ein Waldhotel, und folgen dem Weg immer weiter, bis wir nach weiteren etwa 500 Metern die Luttermühle erreichen. Zwar darf man dort die munter springenden Forellen nicht selbst angeln, aber der „Luttermüller", der die Regenbogenforellen und Saiblinge dort züchtet, fischt sie heraus, um sie frisch zu verkaufen, meist aber landen sie appetitlich zubereitet auf den Tellern im Gasthaus.

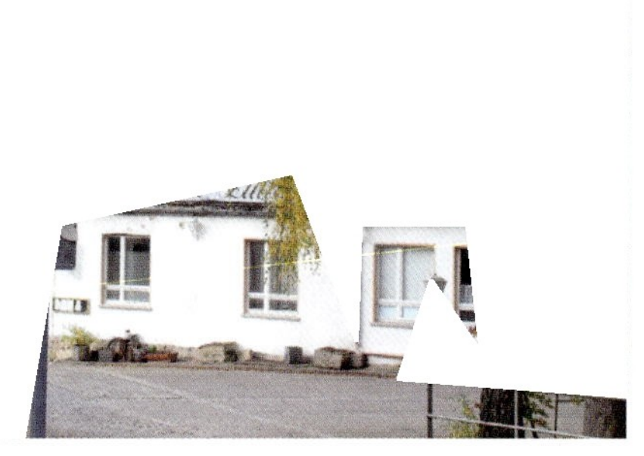

Luttermühle

Jetzt müssen wir etwas Asphalt in Kauf nehmen, halten uns links auf der Straße, die wieder nach Effelder hinaufführt – ein kurzer Blick nach rechts zeigt einen ungewöhnlich langen Straßentunnel –, wir überqueren sie und biegen nach 100 Metern wieder rechts ab, um den Luttergrund entlangzuwandern.
Rechts von uns liegt die Flurbezeichnung Neunbörner. Neun Borne, also neun Quellen, sollen hier entspringen. Wer Lust und Zeit hat, kann sie alle suchen. Ihnen kommt für die Wasserversorgung in diesem Bereich des Eichsfeldes eine nicht unerhebliche Bedeutung zu. Auch schreibt man ihnen sowie der Lutter- und der Gläsnerquelle mit die höchste Schüttung im Eichsfeld zu. Der Rastplatz bietet wieder eine willkommene Pause und Abkühlung.

Wir bleiben weiter auf dem Wanderweg. Gut ausgeruht nehmen wir den nicht unerheblichen Anstieg in Angriff, der vor uns liegt. Immerhin müssen wir ja wieder hinauf auf die Höhe des Eichsfelder Doms. Bäume geben Schatten. Eine Spitzkehre später stehen wir am Küllstedter Fenster. Der Blick reicht über das Hübenthal zum Hülfensberg hinüber. Vom Küllstedter Fenster können wir aber wieder auf den Alheimer und rechts auf den Westerwald schauen.

Am Weg

Der Hülfensberg

Der Hülfensberg gilt als der heilige Berg des Eichsfeldes, auf seinem Gipfel thronen ein Franziskanerkloster und die Wallfahrtskirche St. Salvador. Das Kloster ist in Betrieb, die Franziskaner laden jährlich zu zahlreichen Wallfahrten und Gottesdiensten ein. Auch ein Mitleben auf Zeit und Exerzitien sind möglich. Eine besondere Wallfahrt ist jüngeren Datums. Sie beginnt jährlich am 3. Oktober, am Fuß des Berges mit einem Wortgottesdienst, danach führt die Prozession zum Hülfensberg hinauf, wo die Messe fortgesetzt wird. Ein großes weithin sichtbares Kreuz zeigt in Richtung Geismar und ins Eichsfeld hinein und heißt Konrad-Martin-Kreuz. Um den Hülfensberg ranken sich zahlreiche Sagen, die wundersame Heilungen beinhalten. Während der DDR-Zeit lag der Hülfensberg bis 1989 im Sperrgebiet, konnte von den Eichsfeldern nicht besucht werden, Gottesdienste fanden nur eingeschränkt statt.

Eine lange Gerade liegt vor uns, dann wieder eine Spitzkehre, nun sind wir auf dem sogenannten Rain unterwegs. Rechts von uns liegt das Ahroth-Hölzchen und eine Waldschenke lädt zum Verschnaufen ein, wir befinden uns wieder im offenen Feld. Die Kirchturmspitze von St. Alban ist schon zu sehen. Aber bis wir die Kirche erreichen, treffen wir am Wegesrand noch auf ein kleines Gotteshaus, die Maria-Hilf-Kapelle oder kurz Marienkapelle. Sie befindet sich am Stationsweg von Effelder. Der Stationsweg ist auch der Weg, der uns jetzt wieder zum Eichsfelder Dom geleitet und damit Teil des Wanderwegs ist. Noch ein bisschen asphaltierter Weg und wir haben es nun geschafft und sind bei St. Alban angekommen.

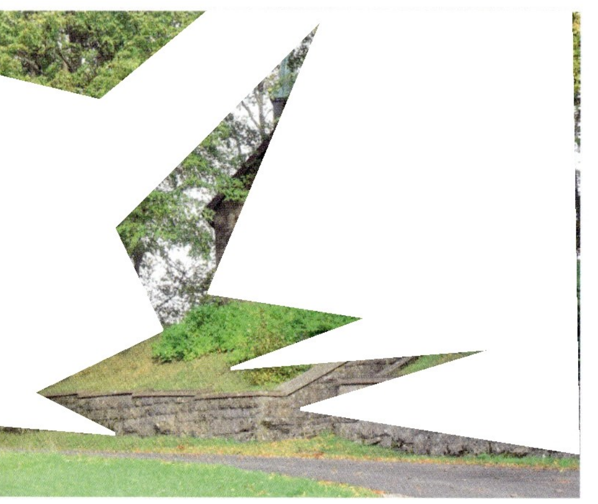

Die Marienkapelle von Effelder

Es lohnt sich aber nicht nur ein Blick in die Kirche, sondern auch ein kleiner Rundgang um sie herum.

Am Weg

St. Alban – der Eichsfelder Dom

Die dreischiffige Hallenkirche gilt als Meisterwerk des Franziskaners Paschalis Gratze, dem rund um Effelder noch ein eigener Wanderweg gewidmet ist. 670 Menschen finden in dem Gotteshaus einen Sitzplatz. Aber so alt ist der Eichsfelder Dom gar nicht. Der barocke Vorgängerbau stammte aus dem Jahr 1717, aber ein Blitzschlag setzte ihn 1890 in Flammen, er brannte vollständig nieder. Der Grundstein für die heutige Kirche im neugotischen Stil wurde 1892 gelegt, 1894 wurde sie geweiht. Später wurden immer wieder Anbauten hinzugefügt, bis die Kirche ihre heutige Form erhielt.

Tipp

Lengenfeld unterm Stein und die Kanonenbahn

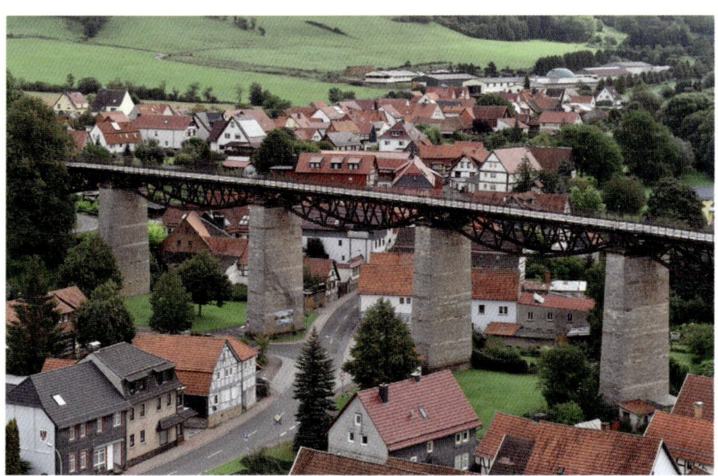

Nur wenige Kilometer von Effelder entfernt liegt südlich Lengenfeld unterm Stein, dessen Hauptattraktion ist das große 244 Meter lange Eisenbahnviadukt, das das Dorf regelrecht überspannt. Über das Viadukt verlief einst eine Eisenbahnstrecke, die heute noch Kanonenbahn genannt wird und ehemals ein Streckenabschnitt der Kanonenbahn Berlin–Metz war. Die Strecke selbst ist seit Langem stillgelegt, heute ist es möglich, von Dingelstädt über Küllstedt die alte Kanonenbahnstrecke bis Lengenfeld auf acht Kilometern mit elektrischen Draisinen zu befahren, inklusive Viadukt, Küllstedter Tunnel und Entenbergtunnel. Parallel dazu verläuft der Kanonenbahnradweg.
https://erlebnis-draisine.de/fuhrpark/kanonenbahn

Gastronomie:

Zur Luttermühle, Luttergrund 1, 37359 Effelder, Telefon 036075/54636, www.facebook.com/zurluttermuehle
Waldhotel Restaurant Klostermühle, Klostermühle 1, 37359 Effelder, Telefon 036075/3900, www.waldhotel-klostermuehle.de

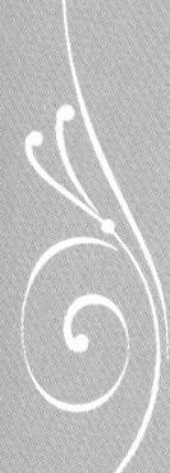

Die Sage von Hechts Aden

Vor vielen Jahrhunderten hauste auf der Eichsfelder Höhe ein schrecklicher Räuber mit Namen Hecht. Zuhause war er eigentlich in Effelder, aber ständig war er an anderen Stellen gesehen. Obwohl ein hohes Kopfgeld auf ihn ausgesetzt war, wagte niemand aus Effelder und der Gegend, ihn zu jagen oder ihn zu verraten. Einerseits war die Angst vor ihm zu groß, andererseits umsponn den Unhold die Legende, hieb-, stich- und kugelsicher zu sein. Doch da war auch noch ein mutiger Schmied im Dorf.

Weil das Preisgeld noch einmal erhöht war, fasste sich der Schmied des Dorfes ein Herz. Aber direkt an Hecht wagte er sich auch nicht, sondern griff zu einer List. Er scharte Männer des Dorfes um sich, die ihm helfen sollten. Der Schmied gab dem Räuber zu verstehen, dass Leute im Dorf wären, die ihn fangen wollen. Der sprang sofort auf, griff zu seinen Waffen und eilte aus der Wohnung. Doch er sah niemanden. Er hörte nur von Weitem dumpf Geschrei und Gerassel. Hecht schlich sich auf den Kirchhof, wo er mit seinem Blasrohr Aufstellung nahm und von den Freunden des Schmiedes überwältigt wurde und trotz seiner heftigen Gegenwehr sein Ende fand.

Eine andere Fassung der Sage spricht gleich von zwei baumlangen Kerlen, die als halbe Riesen galten, und rund um Effelder Angst und Schrecken verbreiteten. Den einen nannten die Leute Hechts Aden, abgeleitet von Hechts Adam, der in Effelder unterhalb des Gotteshauses lebte. Der andere sollte aus Büttstedt gebürtig sein und wurde Brattsch Nickel genannt. Die beiden zogen für ihre räuberischen Missetaten oft gemeinsam los. Beide besaßen ein hinterhältiges Blasrohr, mit denen sie ihre Opfer geräuschlos töten konnten. Endlich unternahm die Obrigkeit Schritte, der beiden habhaft zu werden. Der kurmainzische Vogt auf Burg Gleichenstein schickte einen Schreiber nach Effelder, der den Leuten verkündete, innerhalb welcher Frist beide Räuber auszuliefern seien, tot oder lebendig, ansonsten würde das Dorf an allen vier Enden angezündet und niedergebrannt.

Jetzt war guter Rat teuer. Die Dorfältesten griffen schließlich zu einer List. Der Wächter blies auf Absprache Alarm und verkündete, dass Räuber das Dorf überfallen wollen. Innerhalb kürzester Zeit versammelten sich die wehrfähigen Männer an der Kirchhofsmauer, auch Hechts Aden eilte mit seinem Blasrohr herbei. Der Dorfschmied schlug von der Mauer herab seinen großen Hammer auf Hechts Kopf, der wie tot zu Boden sank. Noch einmal schlug er die Augen auf und schwor dem Schmied Rache. Der hob noch einmal den Hammer und bereitete dem Räuber sein wohlverdientes Ende. Er wurde in ungeweihter Erde verscharrt. Die ganze Gegend atmete auf. Brattsch Nickel indes hatte nach dem Besuch des Schreibers die Flucht ergriffen und ward nie mehr gesehen. Erst nach Jahren hörte man die Kunde, er sei irgendwo im mainzischen Gebiet gefasst und hingerichtet worden.

Wie das Dorf Großbartloff zu seinem Namen kam

Unweit von Effelder liegt im Tal ein schmuckes lang gezogenes Dorf mit dem Namen Großbartloff. Als es gebaut wurde, konnten sich die Leute aber nicht einigen, welchen Namen es bekommen sollte. Während des Baus wurde wegen der größeren Sicherheit im Süden ein steinernes Tor errichtet. Die Aufsicht führte hier ein Mann namens Großbart. Eines Tages, als die Maurer hoch oben auf dem Gerüst am Tor bauten, fiel einem der Handwerker plötzlich ein großer Stein aus der Hand. Unten stand Großbart. Voll Panik rief der Maurer dem Aufseher zu: „Großbart, lof!" (Großbart, lauf!). Der konnte gerade noch geistesgegenwärtig zur Seite springen, so dass der Stein ihn knapp verfehlte. Diese Geschichte machte wie ein Lauffeuer die Runde und ein Bewohner schlug vor, diesen Warnruf als Dorfnamen zu verwenden. Das stieß auf breite Zustimmung. Und so bekam das junge Dorf den Namen Großbartlof, später kam noch das zweite f hinzu. Bis heute trägt es den Namen.
Eine andere Erzählung indes behauptet, der Name käme von einem Bartel – die Abkürzung für Bartholomäus – der zwei Höfe besaß, einen großen hier und einen kleinen nahe dem Kloster Reifenstein. Darum heißen die beiden Dörfer Großbartloff und Kleinbartloff.

Tour 3

 Startpunkt

 Zielpunkt

 Parkplatz

 Gastronomie

 Naturerlebnis

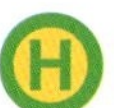 Haltestelle

 Aussichtspunkt

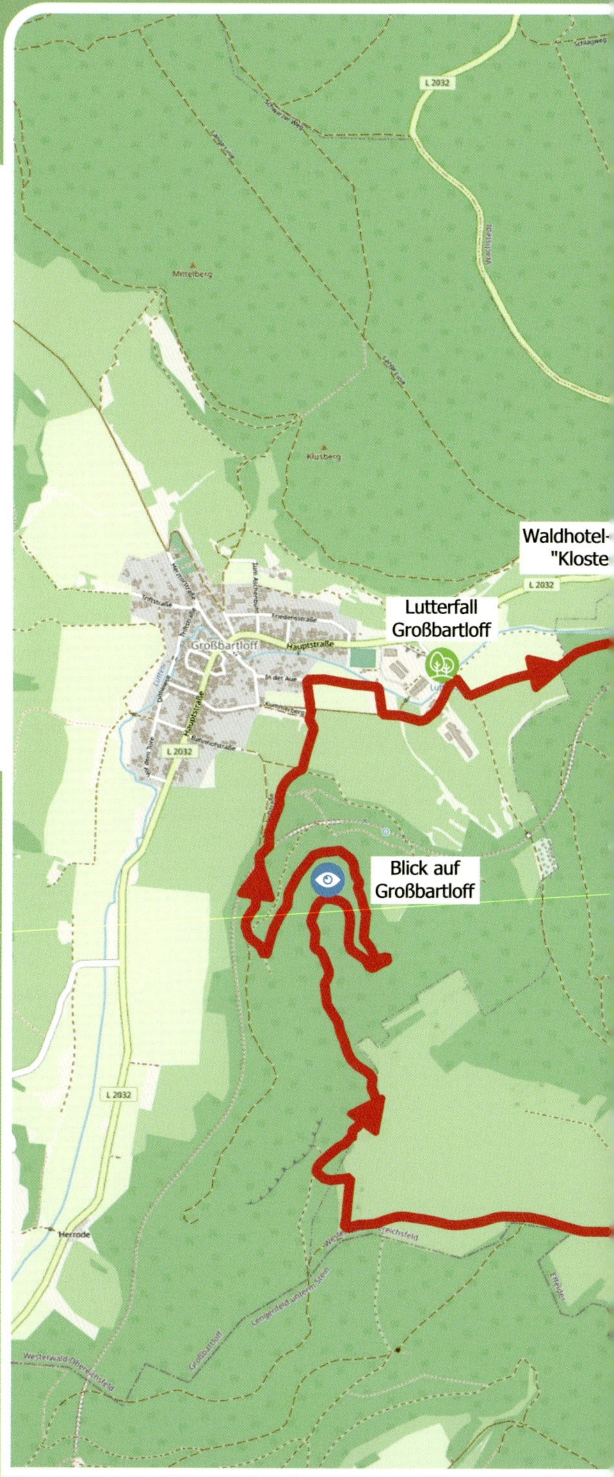

Waldhotel-
"Kloste

Lutterfall
Großbartloff

Blick auf
Großbartloff

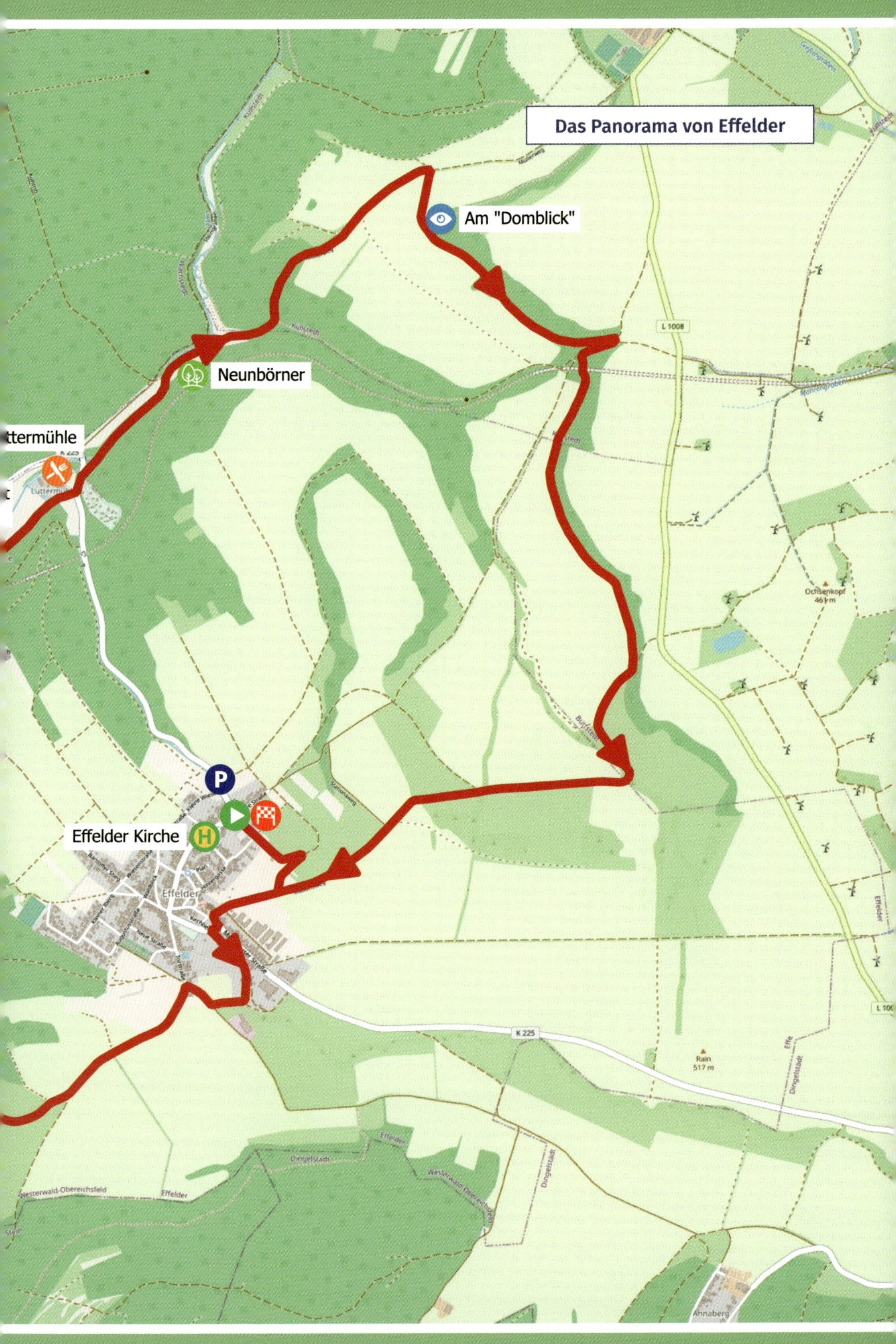

Das Panorama von Effelder
Am "Domblick"
Neunbörner
ttermühle
Effelder Kirche
Effelder
K 225
L 1008
Ochsenkopf
461 m
Rain
517 m
Annaberg

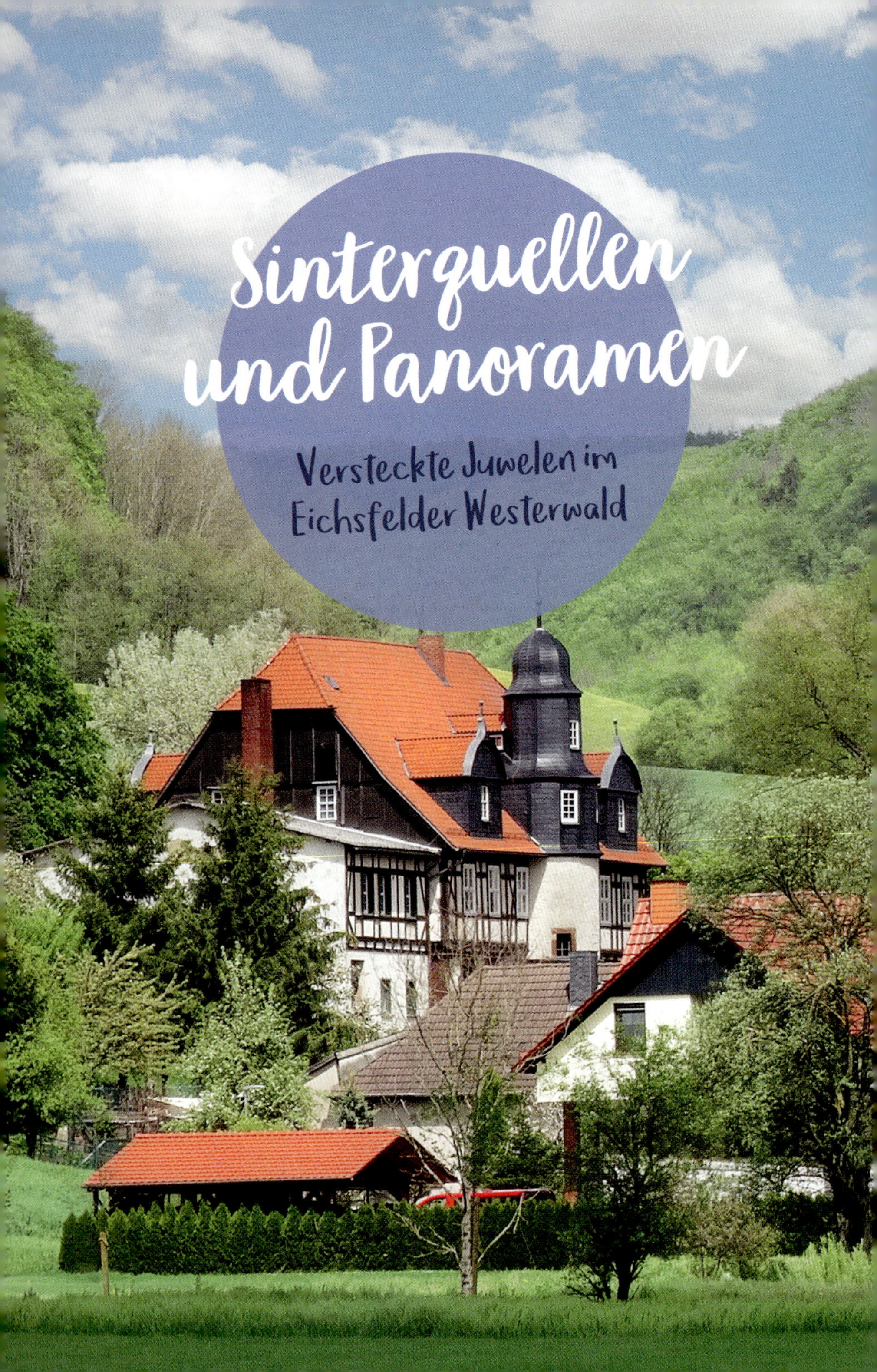
Sinterquellen und Panoramen
Versteckte Juwelen im Eichsfelder Westerwald

Wenn der Eichsfelder den Begriff Westerwald hört, dann denkt er nicht an das bekannte Mittelgebirge zwischen Koblenz, Siegen und Bonn. Das Eichsfeld hat seinen eigenen Westerwald – und der ist nach hiesiger Meinung nicht weniger schön. Knapp 17 Kilometer lang ist unser Wanderweg, der sich hauptsächlich durch Wald windet. Bis auf 494 Meter Höhe kommen wir hinauf. Und unterwegs gibt es eine Menge zu entdecken, die Route verläuft durch einen der landschaftlich schönsten Teile des Eichsfeldes mit traumhaften Blicken, alten Gemäuern und einem der wichtigsten Wallfahrtsorte der katholischen Region Eichsfeld.

5:00 Std.

16,9 km
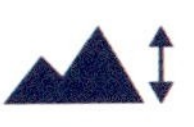
384 Meter

Start/Ziel: Landhaus „Am Westerwald“, Ershäuser Straße 10, 37308 Schimberg
Wegbeschaffenheit: fast durchweg gut befestigte, naturnahe und naturbelassene Waldwege, nur wenige hundert Meter müssen auf Asphalt zurückgelegt werden
Parken: hinter dem Landhaus „Am Westerwald“
Anreise mit ÖPNV: Bushaltestelle Martinfeld Jugendherberge und Martinfeld Mitte

Wegbeschreibung:

Wir starten wenige Meter über dem Landhaus „Am Westerwald“ am Wanderparkplatz.

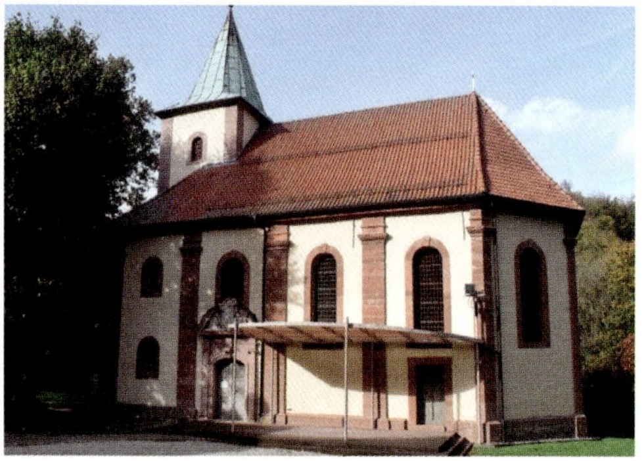

Der Wallfahrtsort Klüschen Hagis

Am Landhaus geht es erst einmal durch das Dorf Martinfeld. Von der Ershäuser Straße folgen wir in der Kurve der Hauptstraße und biegen dann gleich wieder in die „Hauptstraße“ ab, die jetzt auch wirklich so heißt. Verkehrstechnisch ginge die Hauptstraße geradeaus weiter. Also halten Sie Ausschau nach dem Straßenschild. Die Kirche bleibt links von uns. Hinter ihr kann man das Schloss Martinfeld erkennen. Gleich an der Kirche führt eine kleine Brücke über die Rosoppe. Wir machen den Schlenker, damit sie rechts von uns liegt, an der nächsten Brücke kehren wir wieder zur Hauptstraße zurück. Dort liegt auch die Bushaltestelle Mitte. Von der Hauptstraße halten wir uns halb rechts und laufen kurz in die Flinsberger Straße, um dann gleich noch einmal die Rosoppe zu überqueren. Das Flüsschen verläuft an dieser Stelle ein kurzes Stück unterirdisch und tritt hier wieder ins Freie. Jetzt wenden wir uns in der Wachstedter Straße nach links und folgen ihr bis kurz vor den Ortsausgang, biegen dann nach rechts in den Spitzenbergweg ein. Er ist schon nicht mehr befestigt und führt uns über freies Feld zum Wald hin, den wir schon sehen. Aber es geht stramm nach oben. Auf nur 600 Metern Wegstrecke überwinden wir 69 Höhenmeter. Dabei passieren wir auch das Birkenkreuz, eine gute Wegmarke.

Wald ist eigentlich hier von überall zu sehen und unsere Route führt weitestgehend hindurch, ohne uns ins Freie zu entlassen. Der Weg trifft bereits in der Ortsmitte von Martinfeld auf den Naturparkweg und läuft bis zum Küllstedter Grund parallel. In mehreren Kurven folgen wir diesem Weg, auf dem wir uns etwas entspannen können, bis er uns 1,3 Kilometer später an der nächsten Weggabelung in einer Spitzkehre wieder sanft bergab nach links führt. Wir sind im Wagental angekommen. Sie wissen, dass Sie richtig sind, wenn sie die Touringen-Stempelstelle Nummer 77 sehen. Direkt neben ihr sprudelt etwas. Es ist die Wagental-Sinterquelle. Sinter ist ein Gestein, das durch mineralische Ablagerung entsteht, die allmählich vor sich geht. Vor allem sind es Kalksteinablagerungen. Wir bewegen uns in einem Muschelkalkgebiet. Das Wasser schmeckt sehr frisch und vollmundig, aber vor allem rein und naturbelassen. Je nachdem ob mehr Wasser fließt oder es eine Dürreperiode gibt, bildet sich an der Wagental-Sinterquelle ein größerer oder kleinerer Teich. Dickes Moos hängt an den kleinen Terrassen und Steinen. Die Wege hier sind breit, gut begehbar und naturnah befestigt.

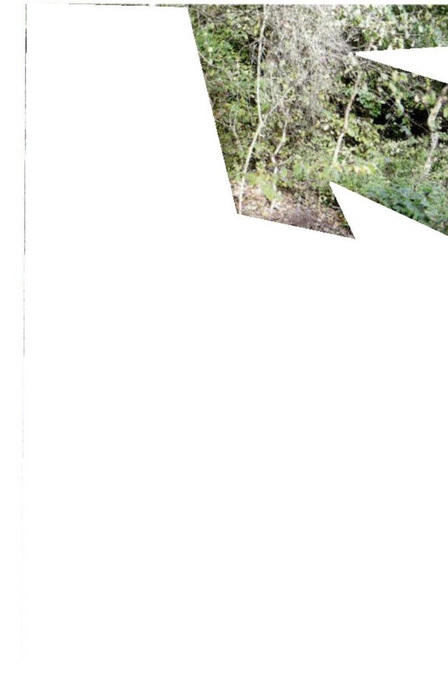

Die Wagental-Sinterquelle

Wir gehen weiter. Unser Wanderzeichen ist ein weißes T im gestrichelten Kreis. An der nächsten Möglichkeit biegen wir nach rechts ab, wir wollen zu einem ganz besonderen Ort: die Wallfahrtskirche Klüschen Hagis. Der Waldrand kommt in Sicht, wir gehen nach rechts, um unter den Bäumen zu bleiben. Das Gelände ist hier eben. Ab und an können wir hier schon einen Blick auf die Burg Gleichenstein erhaschen.

Wo der Waldrand einen Knick nach links macht, folgen wir dem Weg geradeaus, jetzt steigt das Gelände wieder an. Wir nähern uns Klüschen Hagis, das ebenfalls eine Touringen-Stempelstelle hat. Hier bleiben wir eine Weile. Zu viel gibt es zu entdecken und zu erfahren. Das Klüschen selbst ist sagenumwoben und ein großer Wallfahrtsort im Eichsfeld. Jährlich kommen am Christi Himmelfahrtstag tausende Gläubige zur großen Männerwallfahrt zusammen. Eine Pilgerfigur ist aufgestellt, am Berghang ein Kreuz, die Wallfahrtskapelle selbst ist eigentlich eine kleine Kirche und strahlt eine würdige Ruhe aus. Überquert man unterhalb des Klüschens die Straße, die dann steil nach Wachstedt hinaufführt, kann man einen ebenso steilen Fußweg hinauf zur Burg Gleichenstein nehmen.

Am Weg

Burg Gleichenstein

Sie ist eine der vier großen Höhenburgen im Eichsfeld neben dem Hanstein, dem Scharfenstein und dem Bodenstein. Ihre Geschichte währt länger als 777 Jahre. Einst hatte sie als Amtssitz eine hohe Bedeutung für die Region, die sie aber später verlor. Sie ist die kleinste der vier Burgen, auch wenn sie auf ihrem Felssporn Eindruck macht. Zu DDR-Zeiten wurden verschiedene ziemlich unschöne Anbauten hinzugefügt, da die Burg als Ferienlager des VEB Sachsenring Zwickau diente. Nach der Wende zog eine Burgfalknerei ein, es gab Flugschauen auf der Aussichtsterrasse. Doch die Substanz der Burg litt weiter. Auch jetzt befindet sie sich in Privathand, aber es hat sich ein Förderverein gegründet. Geöffnet ist die Burg zu Anlässen wie der Tag des offenen Denkmals oder nach Absprache. Von der Aussichtsterrasse genießt der Gast einen großartigen Panoramablick ins Südeichsfeld. Ab und an finden auch Mittelalterrock-Konzerte dort statt.

Wir kehren zu unserem Wanderweg zurück und marschieren weiter. Jetzt geht es immer ordentlich bergauf. Wir müssen bis hinauf auf die Höhe, von 400 auf 494 Meter. Das Ganze auf einer Länge von etwa 1,4 Kilometern. Das strengt an. Oben angekommen können wir erst einmal verschnaufen. Links von uns sehen wir die Häuser von Wachstedt, rechts liegt das Forsthaus Westerwald, eine gute Möglichkeit zur Rast inklusive Wanderparkplatz. Wir überqueren die Straße, die von Wachstedt hinunter nach Großbartloff führt und tauchen gleich auf der anderen Seite wieder in den Wald ein. Schon umfängt uns wieder Ruhe und Vogelgezwitscher. Das Gelände bleibt jetzt eben beziehungsweise es geht wieder ganz sanft bergab. Nach etwa 900 Metern kommt erneut eine Spitzkehre, der wir nach rechts folgen. Der Bachlauf, den wir erahnen können, ist seit Jahrzehnten trockengefallen. Der Lauf wird hier auch Steingraben genannt. Wir bewegen uns jetzt eine ganze Weile immer auf dem gut begehbaren Weg nach Süden. Eine Wanderhütte kommt in Sicht, an der wir kurz rasten. Aber wir haben es nicht mehr weit bis zum Küllstedter Grund und dem Schweizer Häuschen. Zum Glück geht es erstmal bergab, aber wir müssen später noch einmal eine Höhe erklimmen. Wir legen darum eine längere Rast im Küllstedter Grund ein und holen unser Picknick aus den Rucksäcken.

Platz gibt es hier genug. Das Areal ist nicht weit von dem Eichsfelddorf Küllstedt entfernt. Das Schweizer Häuschen ist eine große Schutzhütte mit Bänken. Bei Regen bietet sie Sicherheit. Auf dem Gelände kann man es sich aber auch auf Sonnenliegebänken gemütlich machen, es gibt eine Feuerstelle und sogar einen kleinen Teich. Aber Obacht! Ein Schild am dicken Baum daneben teilt mit, was mit demjenigen passiert, der seinen Müll nicht wieder mitnimmt: Er wird fünf Minuten ins kalte Wasser eingetaucht. Das wollen wir natürlich nicht riskieren, egal wie warm es ist oder wird. Der Küllstedter Grund ist übrigens eine ausgewiesene Biwak-Station.

Wir wollen hier nicht übernachten, sind gut ausgeruht und machen uns wieder auf den Weg. Wir haben jetzt fünf Kilometer Wanderstrecke vor uns bis zum Martinfelder Fenster. In etwa drei Kilometern erreichen wir die „Dicke Douglasie“, wie es auch auf den Wanderschildern steht. Fragt man einen Naturpark-Ranger, was es mit der Dicken Douglasie auf sich hat oder warum sie so heißt, bekommt man ein Schulterzucken und die Antwort: „Es ist halt eine dicke Douglasie ...“ Man darf ruhig schmunzeln. Jetzt macht der Weg einige Kurven, es geht wieder bergauf. Von 376 Höhenmetern müssen wir wieder hinauf auf 480 bei einer Strecke von 3,2 Kilometern. Es geht immer geradeaus, auf unser Wanderzeichen müssen wir nicht achten. Irgendwann kreuzt die Kuhtrift unseren Weg, für uns geht es weiter geradeaus, wir stecken mitten im Westerwald. Nach etwa 500 Metern überqueren wir wieder die Landesstraße, die von Wachstedt nach Großbartloff führt

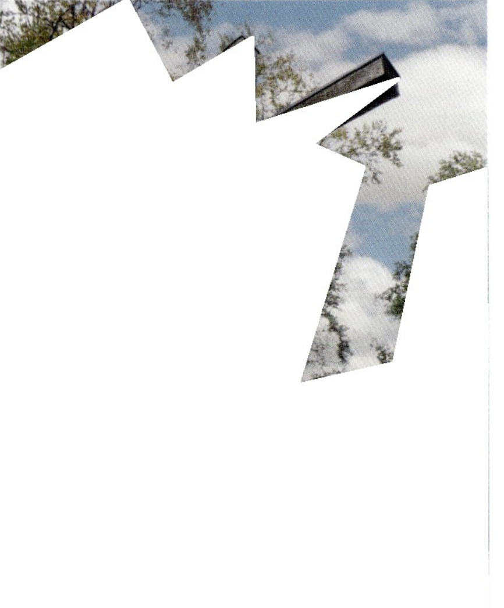

Kreuz und Wanderhütte am Martinfelder Fenster

und laufen direkt gegenüber weiter auf dem Wanderweg in den Wald. Nach 400 Metern geht es nach rechts, bis wir wieder auf einen weiteren Wanderweg stoßen. Jetzt müssen wir aufpassen: Um zum Martinfelder Fenster zu kommen, gehen wir nach rechts und dann gleich wieder links und haben den Aufstieg bewältigt. Oben angekommen geht es noch einmal rechts, dann wieder links dem Wanderzeichen nach. Und da ist es: Ein großes Kreuz steht dort, eine riesige, rustikale Wanderhütte – und ein traumhafter Panoramablick bietet sich uns auf Martinfeld, wo wir gestartet sind, und dahinter auf Bernterode, eingebettet in sanfte bewaldete Hügel. Links von der Schutzhütte sollten Sie aufpassen und nicht zu leichtsinnig werden. Eine Kalksteinschlucht zieht sich den Berg hinab, das Gestein ist bröckelig. Man sieht es an den Bäumen, was für ein Geflecht von Wurzeln sie ausbilden mussten, um sich regelrecht festzukrallen.

Wir bleiben oben auf der Höhe und haben nun etwa 700, 800 Meter bis zum nächsten Ausblick: das Ershäuser Fenster. Auch hier bietet sich der Blick über die Hügel des Südeichsfeldes ähnlich wie über Martinfeld. Wir blicken aber auf ein anderes Dorf: Ershausen ist der Hauptsitz der Verwaltungsgemeinschaft, ein hübscher Ort mit einer sagenreichen Umgebung. Das meiste haben wir geschafft. Kurz verweilen wir bei dem Ausblick und in der Waldschenke, ehe wir uns auf die letzten vier Kilometer machen. Der Wanderweg führt uns kurz nach Osten, dann folgen wir dem Wanderzeichen nach rechts, es folgt ein kleiner Rechts-Links-Haken und an der Finnhütte geht es wieder in eine Spitzkehre. Ihr folgen wir immer weiter bergab und halten uns unterhalb des Ershäuser Fensters am Waldrand, bis wir aus dem

Westerwald herauskommen, den Sportplatz von Martinfeld passieren und die die Waldstraße erreichen. Ihr müssen wir nur noch folgen, um an unserem Startort, dem Landhaus Am Westerwald, wieder anzukommen.

Am Weg

Schloss Martinfeld

Das Schloss in Martinfeld mutet zunächst an, als wollte es nicht ganz zum Dorf passen. Doch das tut es. 1611 wurde es im Renaissancestil als Herrensitz von der Familie von Bodungen erbaut. Seit 1518 war das Adelsgeschlecht in Martinfeld ansässig. Für ein Schloss ist es wirklich klein, es verfügt nur über etwa 750 Quadratmeter Wohnfläche. Im 19. Jahrhundert wurde ein Westflügel hinzugefügt. Bis zur Bodenreform und der Enteignung 1945 blieb das Schloss im Besitz derer von Bodungen. Zu DDR-Zeiten wurde es schon als Jugendherberge genutzt. Es ist eines der wenigen Bourgeoisie-Bauten in der Region, die nicht dem Erdboden gleichgemacht wurden, weil sie an die „herrschenden Klassen“ von einst erinnerten. Seit der Wende wird es bis heute als Jugendgästehaus genutzt. Mehrfach kam es in andere Hände. Heute befindet es sich im Besitz eines 2008 gegründeten Vereins aus sieben Mitgliedern des Deutschen Pfadfinderbundes, der es für Jugendgruppen und als freie Herberge betreibt. Im Gewölbekeller ist ein Trauzimmer eingerichtet, dort kann geheiratet werden.
https://schloss-martinfeld.de

Gastronomie:

Landhaus „Am Westerwald“, Ershäuser Straße 10, 37308 Schimberg. Telefon 036082/89213, www.landhaus-am-westerwald.de
Restaurant Pension „Zur Krone“, Hauptstraße 20, 37308 Schimberg, Telefon 036082/89353, www-pension-zurkrone.de

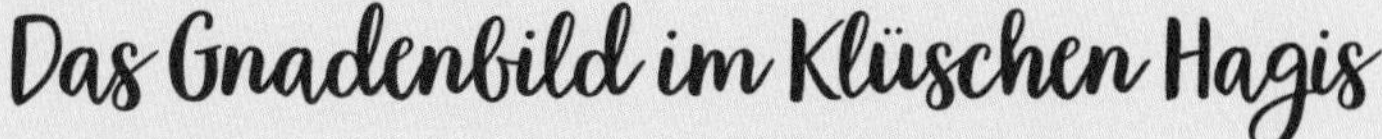

Das Gnadenbild im Klüschen Hagis

Ein Gnadenbild, das ein Schäfer vor langer Zeit auf einer Wiese fand und mit sich trug, wanderte wie durch Zauberhand immer wieder an die Stelle auf der Wiese zurück. Heute steht an dem Ort eine Kapelle, die Wallfahrtskapelle Klüschen Hagis. Und gleich daneben entspringt der Klütschenborn, mit seinem heilsamen Wasser. Die Geschichte berichtet, wie sich das alles zugetragen hat.

Ein Schäfer zog einst an einem schönen Frühsommertag mit seiner Herde das Tal unter der Burg Gleichenstein hinauf. Am Ende der Wiesen, wo der steile Aufstieg auf die Eichsfelder Höhe Richtung Wachstedt beginnt und der Wald heranrückt, ließ er die Tiere laufen. Weit konnten sie nicht, auch der treue Hund passte auf. Der Schäfer setzte sich auf seinen Lieblingsplatz auf dem kleinen Plateau, auf dem mehrere Steinquader lagen. Er setzte sich auf einen der Steine und ließ seinen Gedanken freien Lauf.

Er wusste, dass einmal genau an der Stelle, an der er jetzt saß, ein Dörfchen stand. Neuenhagen, so erzählten die Alten, sei sein Name gewesen. Die Bewohner hätten im Dienste der Burg Gleichenstein gestanden, aber als die ihre Bedeutung als Feste verlor, suchten sich die Neuenhagener andere Arbeit und zogen in die umliegenden Dörfer. Neuenhagen fiel wüst. Genau dort, wo der Schäfer saß, hatte einst die kleine Kirche gestanden, die Steinquader galten als Überreste der Bauten.

Es war ein prächtiger Tag, der Himmel spannte sich azurblau über die Landschaft, die Sonne schickte glitzernde Strahlen zwischen das Laub. Da stutzte der Schäfer plötzlich, er hatte etwas im Gras aufblitzen sehen. Neugierig erhob er sich, um nachzusehen. Tief erstaunt hob er ein geschnitztes Bild empor, wie es auf Altären steht. Rot und Blau und Gold – die Farben des Bildes leuchteten richtig. Er stellte es auf einen Stein vor sich und betrachtete den Fund. Es war ein Bildnis von Maria, der Gottesmutter mit ihrem toten Sohn auf dem Schoß. Leicht war der Kopf Mariens vorgeneigt, ihre linke Hand umschloss eine Hand ihres Sohnes. Auf den goldenen Strahlenkranz auf ihrem Haupt war der Sonnenstrahl gefallen. Der Schäfer kannte das Bild nicht, es gehörte in keine der umliegenden Kirchen. Am Nachmittag, als er die Herde nach Wachstedt heimtrieb, nahm er das Bild mit zum Pfarrer. Der stellte es erst einmal in der Kirche auf den Altar, wo die Leute es schon neugierig betrachteten. Am nächsten Morgen herrschte Aufregung: Das Bild war verschwunden. Der Schäfer musste aber seine Herde wieder ins Tal treiben. Und dann traute er seinen Augen nicht. An der gleichen Stelle wie am Tag zuvor lag das Bildnis. Er nahm es abends mit heim und brachte es wieder dem Pfarrer. Der war sehr erstaunt und erzählte dem Schäfer, dass in Mühlhausen aus der Kirche am Obermarkt ein Bild Mariens gestohlen wurde und es der Beschreibung nach das Gefundene sein könnte. Wieder stellte der Pfarrer das Bildnis in die Kirche, um es dann nach Mühlhausen zurückzugeben. Am nächsten Morgen aber war es wieder verschwunden, und wieder fand es der Schäfer an der gleichen Stelle im Tal. Jetzt sah man die wundersamen Vorkommnisse als göttliches Zeichen. Das Bildnis wollte bleiben. So schnell wie es ging, errichteten die Wachstedter auf dem Platz der alten Neuenhagener Kirche eine Kapelle und stellten das Bild auf. An der Stelle aber, an der das Bild dreimal gefunden wurde, brach eine Quelle hervor, der Klüschenborn. Noch bis heute gilt sein Wasser als Heilquelle. Und aus der Kapelle wurde im Laufe der Jahre die Wallfahrtskirche Klüschen Hagis.

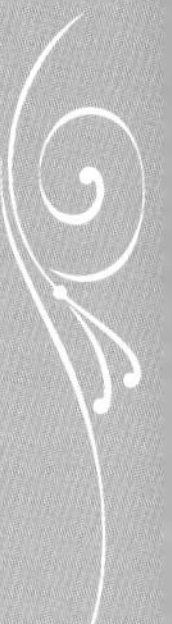

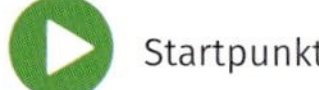

Tour 4

Startpunkt

Zielpunkt

Parkplatz

Gastronomie

Sehenswürdigkeit

Naturerlebnis

Zwischenziel

Haltestelle

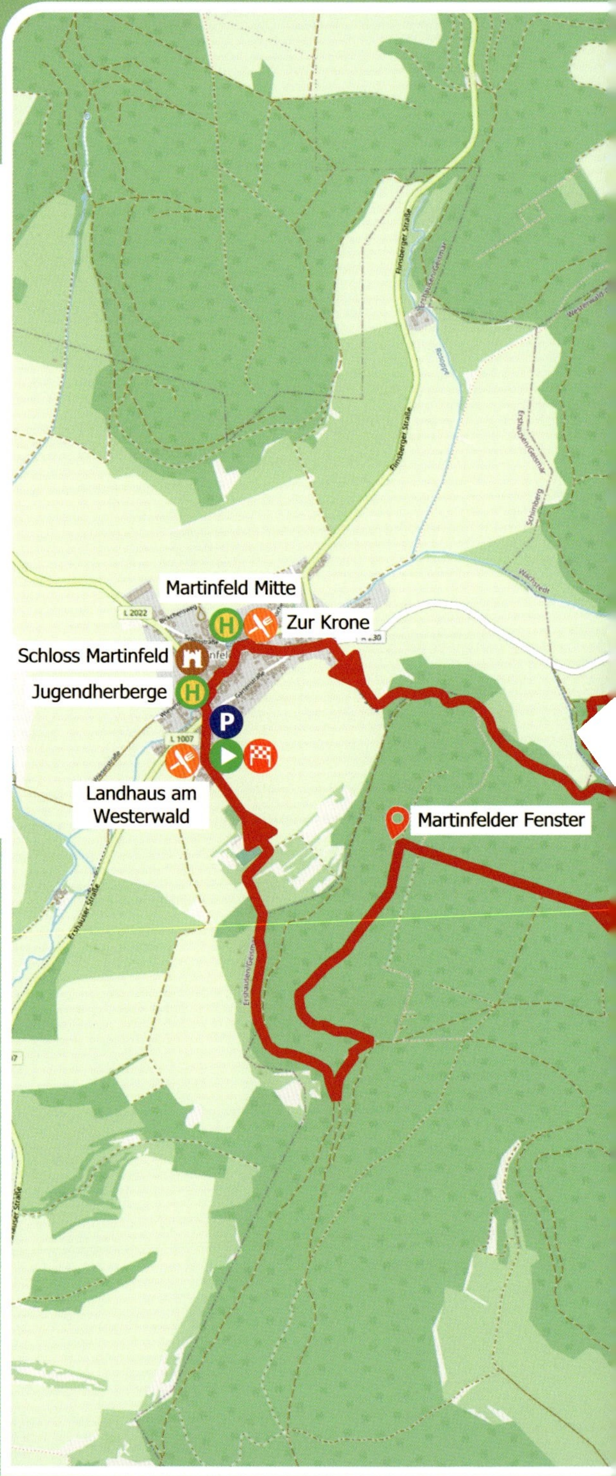

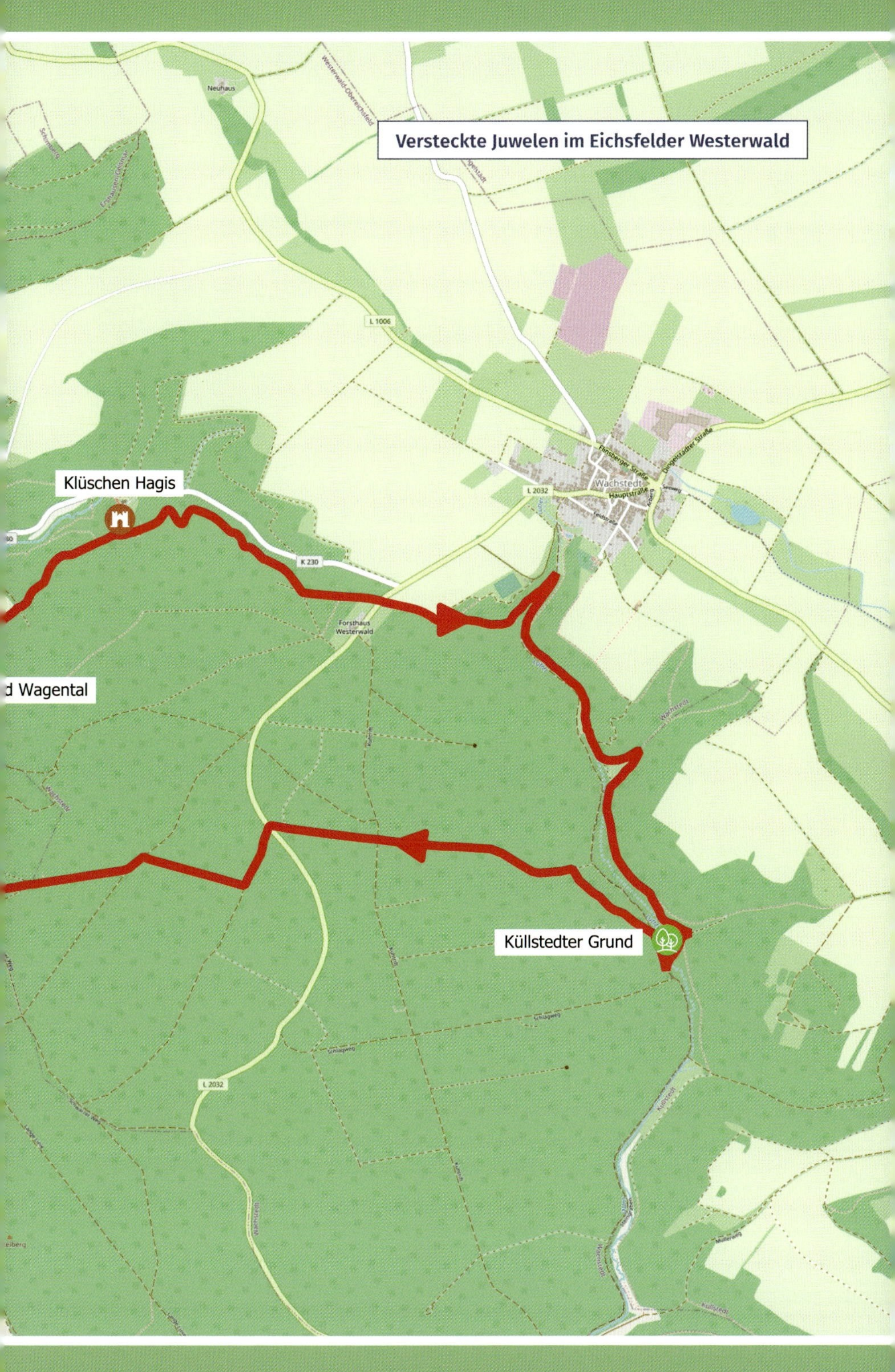

Versteckte Juwelen im Eichsfelder Westerwald
Klüschen Hagis
d Wagental
Küllstedter Grund
Wachstedt
Neuhaus
Forsthaus Westerwald
L 1006
L 2032
K 230

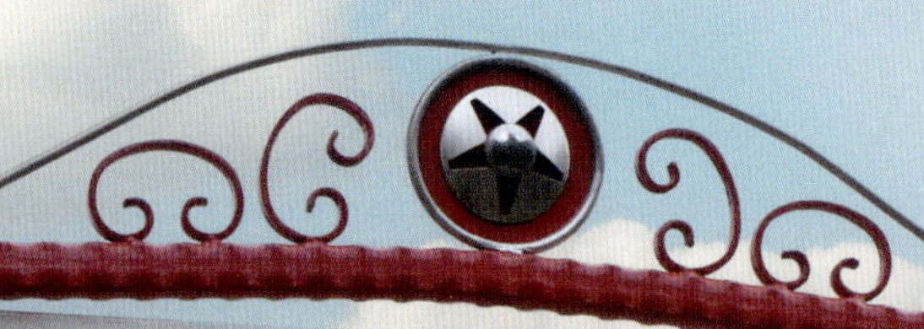

Unterwegs zum Mittelpunkt Deutschlands

Hinauf zum Warteberg auf den Eichsfelder Höhen

Das Eichsfeld liegt genau in der Mitte Deutschlands. Je nachdem, welche Messmethode angewandt wird, liegen zwei der drei möglichen Mittelpunkte im Eichsfeld. Bis heute streiten sich die Geister, ob Niederdorla bei Mühlhausen, Krebeck im Untereichsfeld oder der 515 Meter hoch gelegene Warteberg nahe Flinsberg im Obereichsfeld der richtige Mittelpunkt ist. Der Warteberg ist das Ziel unserer heutigen Wanderung. Der Wanderparkplatz vor den Toren Heiligenstadts ist ein idealer Start- und Zielpunkt. So haben wir nämlich den langen gemächlichen Anstieg zuerst zu überwinden. Ab dem Warteberg selbst geht es nämlich nur noch bergab.

4:30 Std.

14,1 km

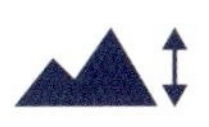

296 Meter

Start/Ziel: Neunbrunnen, Flinsberger Straße, 37308 Heiligenstadt
Wegbeschaffenheit: teils Asphalt, aber große Teile naturbelassene und befestigte Wanderwege
Parken: Wanderparkplatz Neunbrunnen am Warteberg (begrenzte Zahl)
Anreise mit ÖPNV: Bushaltestelle Neunbrunnen

Wegbeschreibung:

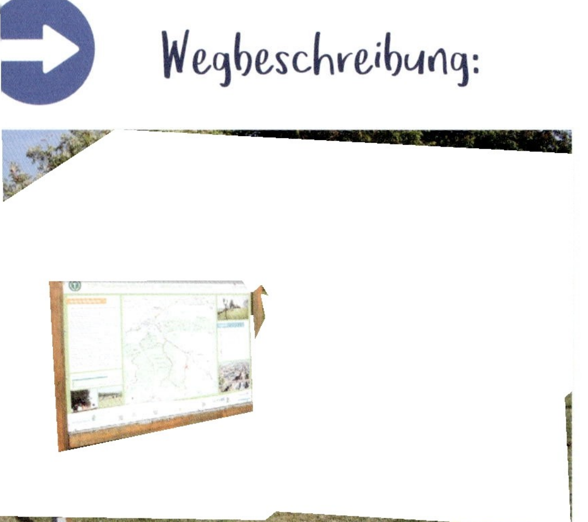

Wanderer finden jede Menge Informationen.

Wir wählen den ehemaligen Erholungspark Neunbrunnen als Startpunkt. Schon auf dem Parkplatz empfängt uns ein Info-Pavillon mit allen möglichen wissenswerten Dingen über die Gegend, in der wir uns befinden. Am Parkplatz bringen uns ein paar Stufen direkt auf den alten Bahndamm. Er wird uns für eine ganze Weile begleiten. Links Richtung Wald geht es los. Ab und an müssen wir zurücksehen, denn wir bewegen uns

Am Weg

Bahnlinie Heiligenstadt–Schwebda

32 Kilometer war sie lang. Luftlinie betrug die Entfernung nur 20 Kilometer, aber sie sollte durch schwieriges Gelände führen und mehrere Orte anschließen. Baubeginn der Trasse war im Jahr 1911. Wegen der steilen Hänge wurde die Bahn mehrfach zur Zahnradbahn, genau gesagt in drei Abschnitten. Der erste davon lag im Pferdebachtal und zog sich über anderthalb Kilometer und ging 1914 in Betrieb. Schon 1922 konnte man den Zahnradbetrieb wieder aufgeben, da es inzwischen Lokomotiven gab, die die Steigungen aus eigener Kraft bewältigen konnten. Bis 1945 war sie in Betrieb, dann sprengte die Wehrmacht das Viadukt über der Frieda weiter südlich, ein Aufbau war nicht mehr möglich, da sie im Grenzgebiet lag. Der Abschnitt zwischen Heiligenstadt und Großtöpfer wurde noch bis 1947 betrieben, danach stillgelegt. Nur auf dem Gleis zwischen dem Bahnhof Heiligenstadt und dem Ostbahnhof verkehrten noch bis 1994 Güterzüge, dann war auch hier Schluss. Was noch an Gleisen liegt, wird heute vom Eisenbahnverein betrieben, der zweimal im Jahr zu Schautagen und Führerstandsmitfahrten einlädt.

auf und neben dem Radweg durch das Pferdebachtal hinauf auf die Eichsfelder Höhen. Auch er wurde auf dem alten Bahndamm der Bahnlinie Heiligenstadt–Schwebda gebaut.
Schon jetzt bewegen wir uns unter einem grünen Dach. Diese Wanderung wird waldreich, fast ausschließlich laufen wir unter schattigen Bäumen durch den Heiligenstädter Stadtwald, durch dem hier der Pferdebach gluckst und springt und der dem lang gezogenen Tal seinen Namen gegeben hat. An Wegweiser müssen wir uns auf unserer Wanderung heute kaum halten, lange geht es nur geradeaus, immer sanft den Berg hoch, teilweise merkt man den Anstieg gar nicht. Nach einem Kilometer kommt von rechts der Weg Düstertal herunter. Auf ihn schwenken wir links ein, überqueren den Pferdebach und wandern an seinem Ufer wieder rechts. So langsam kommen wir in den Bereich, in dem der Legende nach die sagenhafte Egelsburg gestanden haben könnte. Überreste sind nirgends zu finden, wir brauchen also nicht Ausschau halten, vielleicht lassen wir nur den Blick über den Waldboden schweifen, ob wir die sagenhafte Wunderblume sehen. Im Frühjahr ist der Waldboden unter den noch lichten Ästen nahezu weiß, aber nicht von Schnee, sondern ein Teppich von Buschwindröschen zieht sich hier durch den ganzen Wald.
Bis zu den beiden lauschigen Fischteichen führt uns der Weg. Ab und an rauscht ein Auto auf der unweit gelegenen, parallellaufenden Landesstraße vorbei. Aber es stört uns nicht, wir sind auf Waldwegen unterwegs, atmen regelrecht den Duft der Erde und des Waldes. Die beiden Teiche, dessen größerer ein beliebter Anglertreffpunkt ist, lassen wir links liegen, aber nicht, ohne die Seerosen bewundert zu haben. Wenn man es ab jetzt dann und wann laut knallen hört, dann braucht man sich nicht zu erschrecken. Etwas weiter weg trainieren dann die Mitglieder der Heiligenstädter Schützengesellschaft von 1305 auf ihrem Gelände. Passieren kann aber nichts.
Zwischen den Bäumen rechts tauchen die Dächer einiger Gebäude auf. Hier hat das Technische Hilfswerk seinen Sitz. Ein Teil des Geländes gehört zur alten „Wifo". Zur Zeit des Nationalsozialismus hatte es in ganz Deutschland Stellen gegeben, an der die Wirtschaftliche Forschungsgesellschaft, kurz Wifo, Lager und Versuchsorte eingerich-

tet hat. Im Pferdebachtal gab es ein Heerestanklager, auch Treibstoffmischungen wurden dort hergestellt. Heute zeugen einige wenige Überreste davon, doch die meisten sind nicht zugänglich. Wir queren die Zufahrt zu THW und Schießsportanlage und folgen dem Weg weiter.

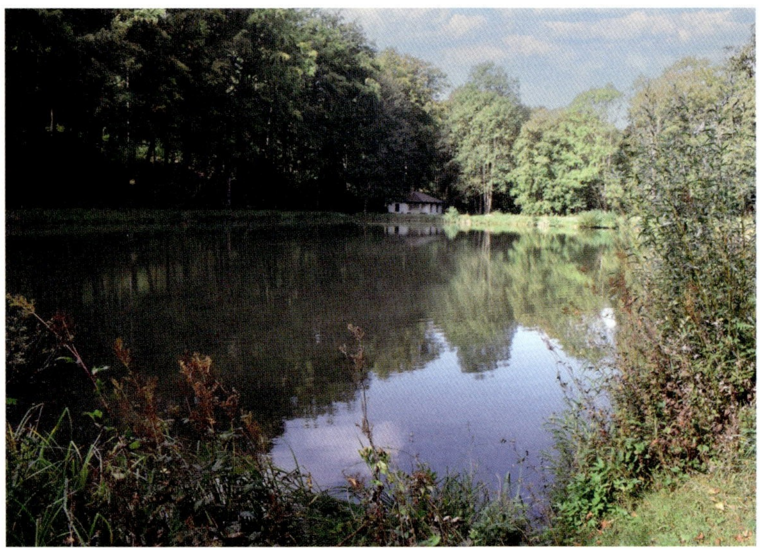

Fischteiche im Pferdebachtal

Es geht immer weiter geradeaus, kurz schlagen wir einen kleinen Haken, um auf dem Wanderweg zu bleiben. Aber der ist ja mit dem weißen T im gestrichelten Kreis auf grünem Grund gut ausgeschildert. Erst an den beiden klitzekleinen Teichen, die vor uns auftauchen, halten wir uns links und folgen noch einen Kilometer dem Weg durch eine lang gezogene Kurve, ehe wir auf die Straße treffen. Auf der laufen wir keine 30 Meter bergab, um sie dann zu queren und auf der anderen Seite wieder in den Wald einzutauchen, der uns nun direkt hinauf zum Warteberg bringt. Jetzt wird es schon ein bisschen anstrengender. Ein Waldweg kommt in Sicht. Auf ihn biegen wir nach rechts ein und folgen ihm noch etwa 500 Meter, dann kommt der Waldrand in den Blick. Das Schlimmste haben wir jetzt geschafft. Der Warteberg ist schon zu sehen.

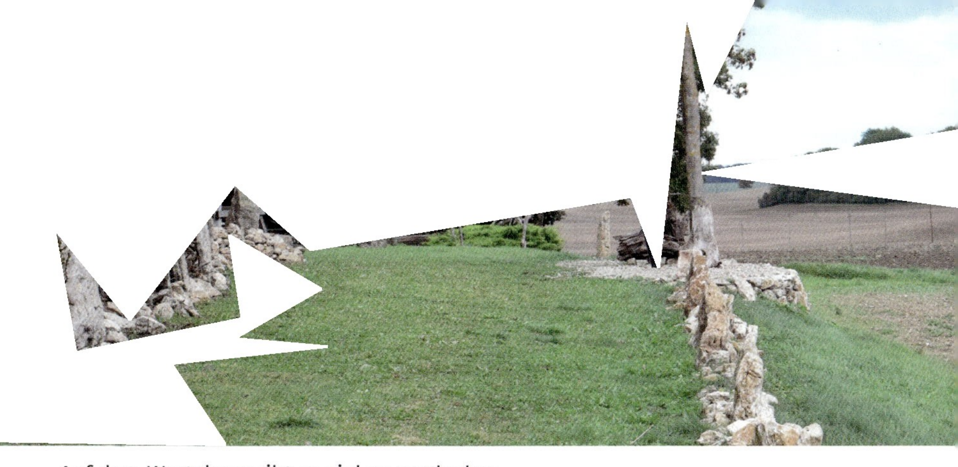

Auf dem Warteberg gibt es viel zu entdecken.

Wie eine grüne, baumbestandene Oase wächst der Warteberg aus den Feldern. Wir folgen dem geschotterten Weg bis etwa 100 Meter vor der Landesstraße und schwenken links ein, um die letzten paar hundert Meter bis zum Mittelpunkt Deutschlands zu überwinden. Denn, dass er das ist, davon ist jeder Obereichsfelder fest überzeugt. Immerhin hat die Universität Bonn das errechnet.

Auf dem Berg und an dem hohen Kreuz vorbei ist erst einmal eine Rast angesagt. Wir sind auf 515 Metern angekommen. Eine Waldschenke lädt förmlich dazu ein, Luft zu holen, das Picknick aus dem Rucksack zu packen und den Blick schweifen zu lassen. Flinsberg liegt wie gemalt unter uns, wir können sogar den Hülfensberg ausmachen. Sanfte Hügel ziehen sich bis zum Horizont, auf einem Felsvorsprung thront linker Hand die Burg Gleichenstein, die in den Westerwald blickt. Rund um den Warteberg gibt es vielerlei Sitzgelegenheiten. Wir nehmen uns Zeit, nachdem die Füße sich erholt haben, das Gelände zu erkunden. Viel Informationen gibt es hier, natürlich das Schild vom Mittelpunkt, aber auch steingesäumte Wege, Skulpturen und mehr. Sitzbänke stehen an dem naturnahen geschotterten Wanderweg. Ab und zu gibt es auch Gottesdienste am Kreuz vom Warteberg.

Wir brechen wieder auf und laufen talabwärts Richtung Geisleden. Jetzt eröffnen sich Panoramablicke über die Hügellandschaft im Norden und Osten. Wieder begleitet uns frisches Grün. Der Weg zieht sich immer am Waldrand unter Bäumen entlang. Erst wo der Wald aufhört, wenden wir uns nach rechts, um an dem nächsten Weg wieder nach links abzubiegen. Durch Felder geht es immer wei-

ter hinab, bis die Antoniuskapelle auftaucht. Sie gehört zum Geisleder Freilandkreuzweg mit den Stationen des Leidensweges Christi. Der Stationsweg zeugt vom bis heute lebendigen festen Glauben in der katholisch geprägten Region.
Wir folgen der Allee und den Stationen weiter bergab, wer mag, darf natürlich kurz innehalten, ein Gebet sprechen oder die Seele baumeln lassen. Am Ende biegen wir rechts ab. Wir könnten auch geradeaus weiterwandern, aber dann blieben wir zwischen den Feldern, wir mögen aber das frische Grün des Waldes, also nehmen wir den Weg durch das Wäldchen, wo auch die offizielle Route verläuft. Kurz vor Geisleden treffen wir wieder auf den alten Weg und wenden uns vor den ersten Häusern des 1000-jährigen Dorfes nach links, bleiben

Am Weg

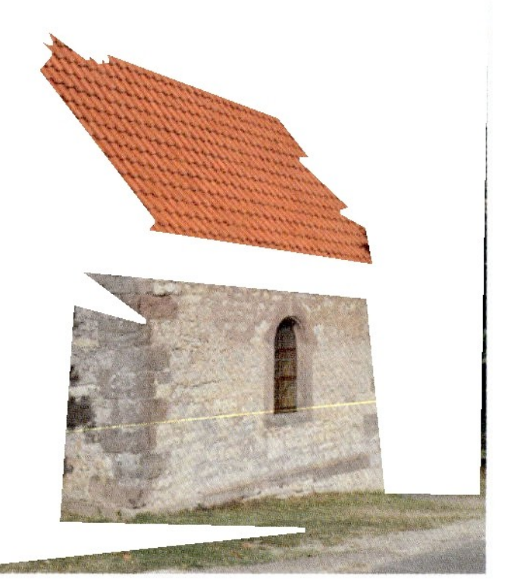

Antoniuskapelle

Die Kapelle datiert auf das Jahr 1852. 1966 brannte sie ab – es war das Werk von Brandstiftern. Freiwillige bauten sie in Eigenleistung wieder auf, 1967 konnte sie wieder geweiht werden, 1969 wurden die Stationen erneuert und umgesetzt. Der Weg soll allerdings schon seit 1750 existieren. Erst 2021 wurde die Kapelle im Inneren aufgefrischt, wieder in ehrenamtlicher Arbeit der Geisleder. Jedes Jahr am Pfingstmontag findet hier eine Gelöbnisprozession statt. An der Kapelle beginnt auch die einzigartige Bergahornallee, die die Kreuzwegstationen, die nach und nach saniert werden, beschirmt.

immer am Dorfrand. Wir umrunden es sozusagen im Süden, bis wir an der „Verlängerung" des Gräfentores wieder nach links in den Wald einschwenken. Jetzt sind wir auf dem Eichsfelder Abschnitt des Pilgerweges Loccum-Volkenroda, ein evangelischer Pilgerweg von

300 Kilometer Länge vom niedersächsischen Loccum bis zum Christuspavillon in Volkenroda bei Mühlhausen.
Verlaufen können wir uns nicht, es geht im Tal immer nur geradeaus, bald gesellt sich rechter Hand die Geislede zu uns auf ihrem Weg nach Heiligenstadt. Nun taucht Curts Mühle vor uns auf, dahinter der Rosenhof. Das Gelände wirkt umtriebig und modern. Kein Wunder, hier hat seit vielen Jahren das Iba seinen Sitz, das Institut für Bioprozess- und Analysemesstechnik, ein hochkarätiges Forschungsinstitut. Die Mainzer Brücke kommt auf der rechten Seite in Sicht. Sie war Teil einer ehemaligen Geleitstraße aus dem Jahr 1562. Die Jahreszahl und das Wappen Mainzer Rad finden wir auf dem Mittelstein. Darüber fahren sollte man im Moment nicht, sie hielt vor einigen Jahren das Gewicht eines Holzlasters nicht mehr aus. Zu Fuß kann man sie gefahrlos überqueren, um dahinter gleich links zwischen den Bäumen nach unten zu klettern. Denn unter der Brücke fällt ein Wasserfall mehrere Meter in Kaskaden hinunter, auch verbreitert sich das Bachbett dort zusehends. Die Gemeinde hat eine Sanierung der Brücke angeschoben und will auch einige Stufen und einen kleinen Balkon an den Hang bauen, so dass man den Wasserfall gut sehen kann und auch gefahrlos hinunterkommt.
Wir folgen dem Wanderweg weiter Richtung Heiligenstadt. Der Weg zieht sich immer parallel zur Geislede, tritt kurz vor Heiligenstadt aus dem Wald und schwenkt an der Gartenanlage Kupfermühle am Mittelberg links ab. Bald sehen wir ein bekanntes Bild, der Neunbrunnen ist nicht weit. Jetzt sind wir wieder an der Landesstraße 1006 angekommen. Gut 100 Meter müssen wir ihr nach links folgen – und sind wieder an unserem Startpunkt angelangt.

Gastronomie:

Gasthof „Zur Linde“, Steingasse 1, 37308 Geisleden,
Telefon 036084/80304, www.facebook.com/GasthofZurLindeGeisleden
Gaststätte „Zum Dorfkrug“, Hauptstraße 25, 37308 Geisleden,
Telefon 03606/2883

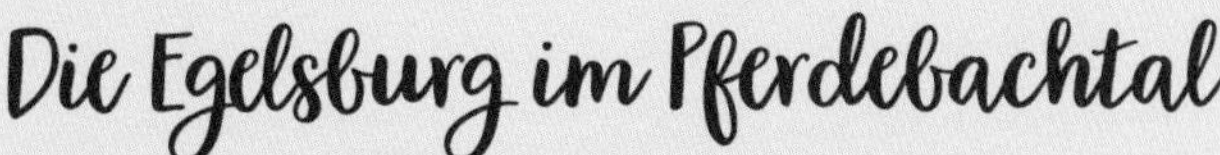

Die Egelsburg im Pferdebachtal

Im Pferdebachtal, das sich von Heiligenstadt hinauf auf die Kaltenebersche Höhe zieht, soll in grauer Vorzeit die Egelsburg gestanden haben. Früher hat es in der Stadt wohl kaum einen Jungen gegeben, der nicht nach ihr gesucht hat, denn es rankt sich eine alte Sage um diese Burg. Aber außer einer Erdspalte hat bisher niemand etwas gefunden, obwohl vor etwa 250 Jahren noch Mauerreste zu sehen gewesen sein sollen.

Alle sieben Jahre, so erzählt die Legende, soll die Egelsburg sich zeigen. Aber nur Leuten, die brav sind und es verdienen, ein prächtiges Schloss zu sehen. Auch soll es dort ein Mädchen geben, das schöner ist als alle in der Burg versteckten Schätze zusammen. Sie soll Ausschau halten nach einem unerschrockenen jungen Mann, der sie von einem alten Fluch erlöst. Und jedes Mal, wenn die Egelsburg samt Mädchen erscheint, soll auf dem Mittelberg eine seltsame wunderbare Blume wachsen. Nur wer sie findet und pflückt, hat die Chance, das Mädchen, die Burg und alle Schätze darin für sich zu gewinnen.
Vor einigen Jahrhunderten weidete ein junger Schäfer seine Herde im Pferdebachtal und sammelte nebenbei Kräuter. Dabei hatte er unwissend auch die Wunderblume mit gepflückt. Er traute seinen Augen nicht, als vor ihm plötzlich ein prächtiges Schloss erschien. Auf dem Balkon stand das Mädchen in langem weißem Gewand. Da fiel ihm die Sage ein – und mutig ging er zum Schloss. Überall im Inneren standen Kostbarkeiten über Kostbarkeiten. Er öffnete eine weitere Tür und kam in einen wunderbaren Saal voller weiterer Schätze. Er wusste gar nicht, wo er anfangen sollte. Doch er begann, sich die Taschen zu füllen, dann seinen Verpflegungssack und schließlich noch seinen Hut. Kaum konnte er alles schleppen. Er trat den Rückweg an. Da hörte er die Stimme des Mädchens, das rief: „Vergiss das Beste nicht!" Doch der Schäfer hatte nur Augen für die Schätze und musterte erneut die Kostbarkeiten, ob er noch etwas Wertvolleres fände, als er schon trug. Er steckte schnell noch ein paar Ringe an und wandte sich wieder zum Ausgang.

Erneut ertönte die bittende Stimme: „Vergiss das Beste nicht!“ Doch ihn störte das nicht, er überlegte vielmehr, wie viel Säcke er holen müsse, um auch den Rest wegzutragen. In dem Augenblick hob ein Getöse, ein Donnern und Tosen an, die Tür schlug mit einem mächtigen Krach hinter ihm zu, aber er konnte einen Fuß nicht schnell genug wegziehen, so dass es ihm die Ferse zerschmetterte und er auf den steinigen Boden stürzte. Als er aus seiner Ohnmacht erwachte, war von der Burg nichts mehr zu sehen. Aber auch in seinen Taschen und Beuteln fanden sich keine Schätze mehr, sondern sie waren voller Kieselsteine.
Hätte er auf die Warnung des Mädchens gehört und sie mitgenommen, hätte er die Tür verschlossen und den Schlüssel zu sich gesteckt, dann hätte er den Fluch gebrochen und wäre in den Besitz unermesslicher Reichtümer gekommen – und in den Besitz des schönen Mädchens noch dazu. Es wartet immer noch auf den Glücklichen, der es einmal erlösen wird.

Wie das Mahdeholz zu seinem Namen kam

Zwischen Heiligenstadt und Geisleden liegt das Mahdeholz. Die Herrin der Egelsburg gebot über den Mittelberg und verlangte von den Bewohnern Geisledens, dass sie ihr den Weg zur Kirche durch deren Felder gestatten sollten. Dafür sollten sie besagtes Waldstück bekommen. Die Geisleder aber waren damals reich und furchtbar stolz, gebärdeten sich, als lebten sie in einer kleinen Hansestadt. Sie schlugen der Herrin der Egelsburg die Bitte rundweg ab, selbst das Waldstück wollten sie nicht. Auf der Egelsburg aber diente eine Magd aus Geisleden. In der Mundart wurde Magd Mahd genannt. Diese Magd diente der Herrin treu und ergeben, so dass diese ihr auf ihrem Sterbebett einen Teil ihrer Wälder schenkte. Die Magd wiederum, gut, wie sie war, schenkte ihn wiederum ihrem Dorf. So bekam das Waldstück den Namen Mahdeholz.

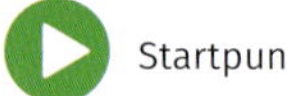

Startpunkt

Zielpunkt

Parkplatz

Gastronomie

Sehenswürdigkeit

Zwischenziel

Naturerlebnis

Haltestelle

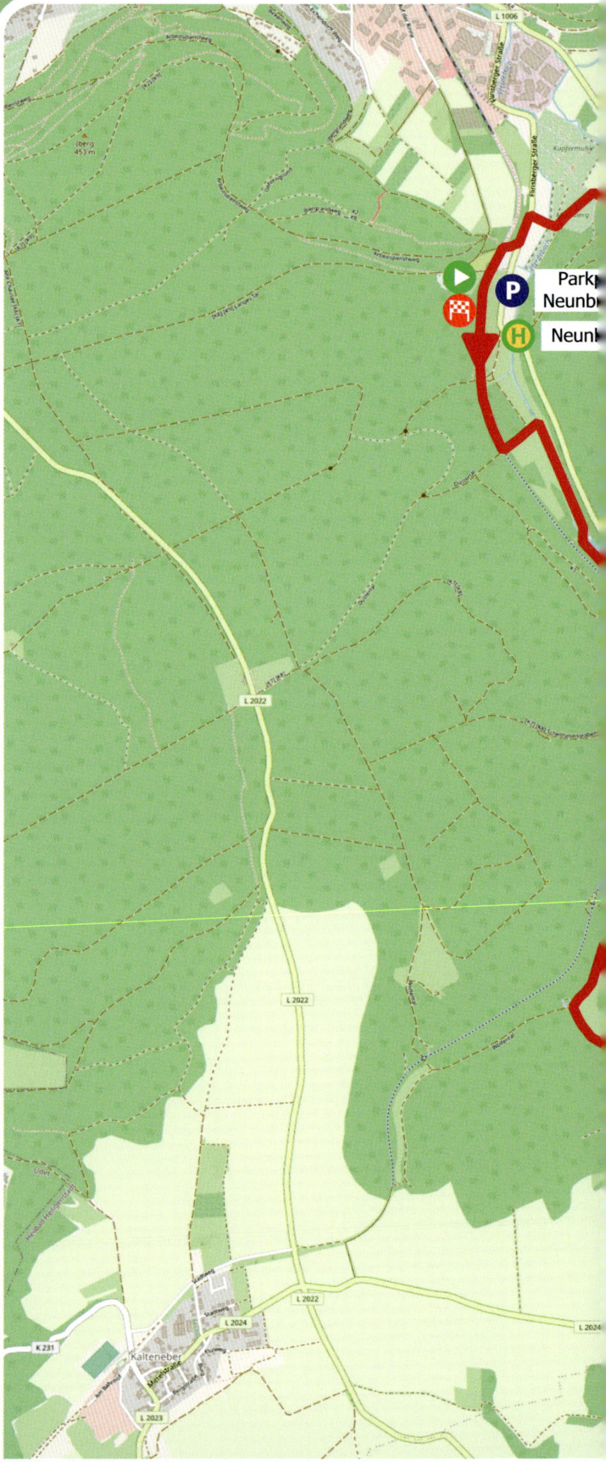

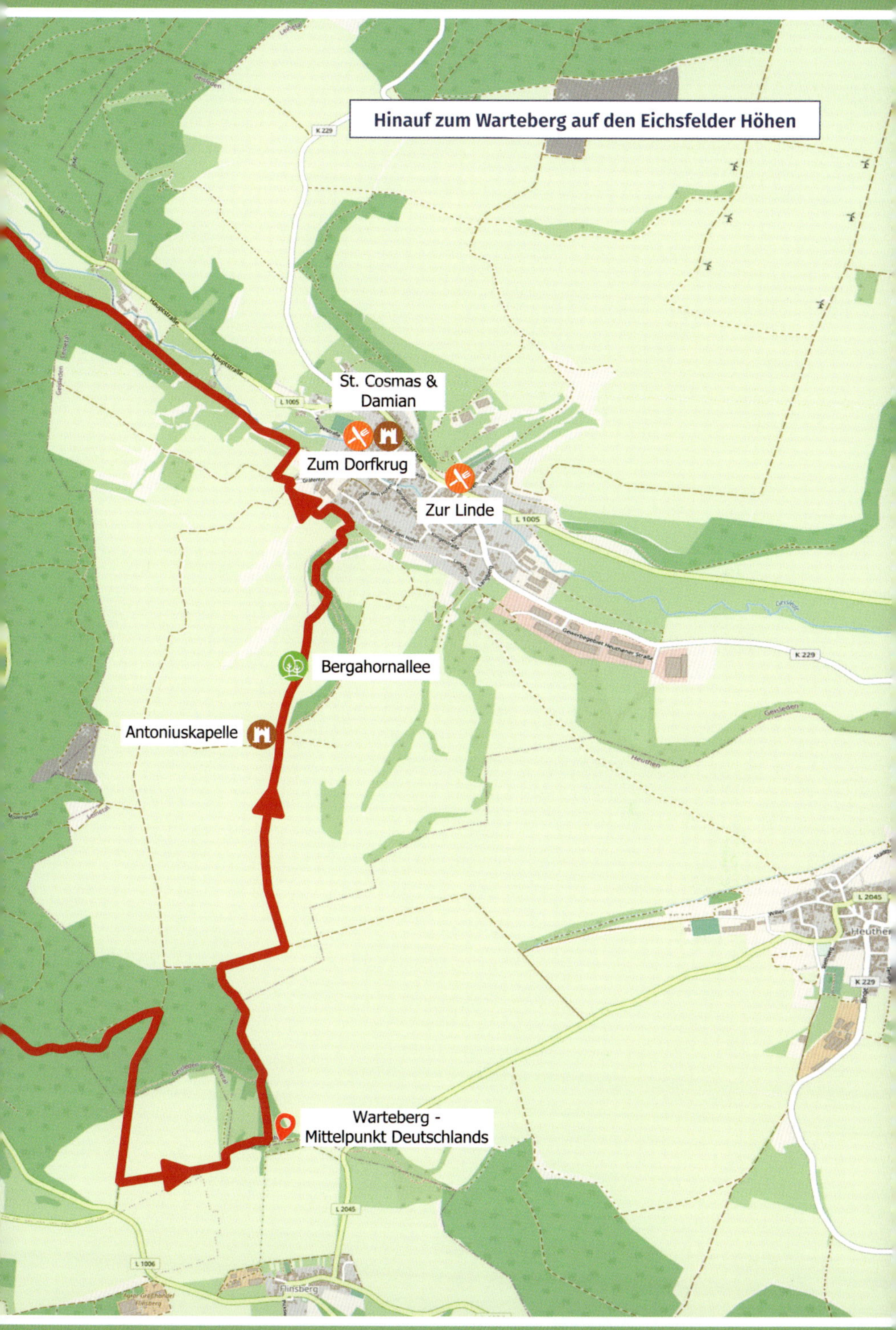

Hinauf zum Warteberg auf den Eichsfelder Höhen
St. Cosmas & Damian
Zum Dorfkrug
Zur Linde
Bergahornallee
Antoniuskapelle
Warteberg - Mittelpunkt Deutschlands

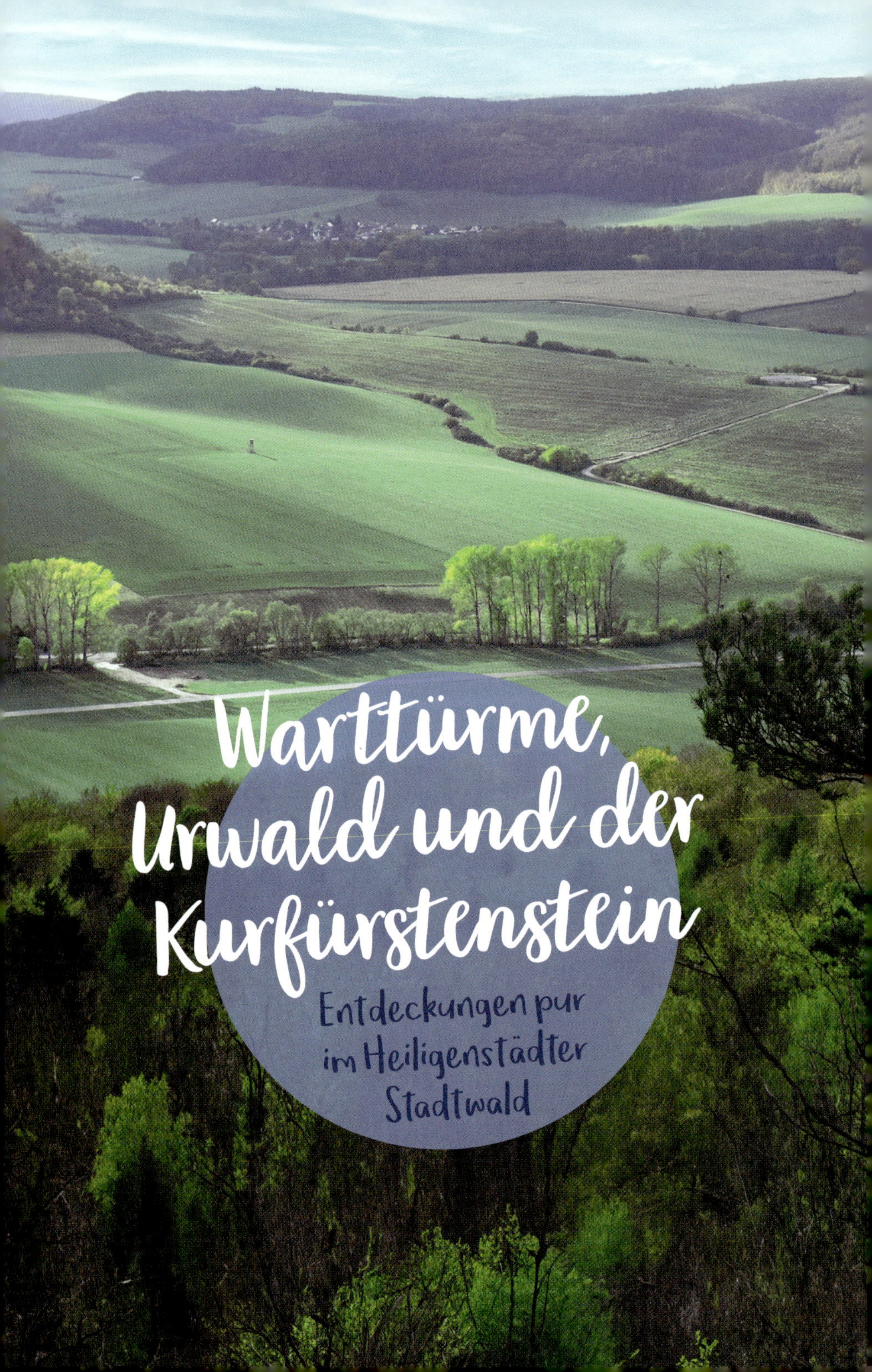
Warttürme,
Urwald und der
Kurfürstenstein
Entdeckungen pur
im Heiligenstädter
Stadtwald

Die erlebnisreiche Wanderung, auf die wir uns heute begeben, ist eine wahre Traumtour. Zahlreiche Sehenswürdigkeiten und markante Punkte werden wir auf dem Iberg entdecken, beeindruckende Fernsichten, aber auch echten mitteleuropäischen Urwald und sagenhafte Orte. Dabei bewegen wir uns mitten im Eichsfeld immer nahe der märchenhaften Kreisstadt Heiligenstadt. Der Iberg ist sozusagen das Wohnzimmer der Heiligenstädter Wanderer. Man begegnet immer jemandem, der die Natur und die vielen, oft im Verborgenen liegenden Sehenswürdigkeiten regelrecht in sich aufsaugt. Und das hat seinen guten Grund.

4:00 Std.

13 km

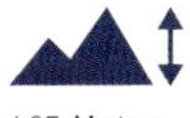
465 Meter

Start/Ziel: Gasthaus Iberg, Ibergstraße 32, 37308 Heiligenstadt
Wegbeschaffenheit: vorwiegend befestigte und naturbelassene Waldwege, Urwaldlehrpfad mit schmalen Pfaden
Parken: am Eichsfelder Kulturhaus in der Aegidienstraße oder kleiner Waldparkplatz in der Stormstraße
Anreise mit ÖPNV: Bushaltestelle Stormschule
Besonderheiten: Einmal im Jahr, meist am letzten Wochenende im Juni, findet auf dem Iberg ein Autorennen statt, dann ist die Wanderstrecke gesperrt. Termine unter www.ibergrennen.de

Wegbeschreibung: Unser Start ist das Iberghaus, auch liebevoll Iberghäuschen genannt. Zunächst geht es erstmal sanft bergab auf dem Ibergrandweg.
Wir starten auf etwa 313 Meter Höhe über dem Meeresspiegel. Nach etwa 240 Metern erreichen wir die ersten Häuser von Heiligenstadt, nach weiteren 220 Metern biegen wir rechts ab und folgen dem Ibergrandweg weiter, der hier Bahnerstieg heißt. Schnell haben wir die Häuser hinter uns gelassen und sind auf dem Birkenweg. Er schlängelt sich am Waldrand entlang. Wir achten auf den Wald rechts, denn bald trifft ein Schlängelweg, der auch genauso heißt, auf den Birkenweg. Den nehmen wir und folgen dem weißen T im Kreis als Wanderzeichen. Langsam geht es im Wald bergauf, aber recht sanft. In einer lang gezogenen Kurve führt die Route immer parallel zum tiefer liegenden Birkenweg durch den Wald. Ab und an schlägt der Weg Haken, was neugierig auf das macht, was dahinter kommt. 1,7 Kilometer nach unserem Start sind wir nun auf 422 Metern angekommen. Jetzt trifft der Schlängelweg auf den sogenannten Arbeitsdienstweg, einem geschotterten breiten Weg, den die Stadtförster gut nutzen können. Auf ihn biegen wir nach links ab, es geht wieder bergab. Den Wanderweg, der von rechts kommt, lassen wir liegen, folgen weiter dem Arbeitsdienstweg, bis wir wieder auf den Ibergrandweg stoßen. Den nehmen wir, biegen also nach links ab. Gleich werden wir zur ersten großen Sehenswürdigkeit kommen, der Ibergwarte. Dafür müssen wir links vom Randweg abbiegen, aber es sind nur wenige Schritte. Um zu ihr zu gelangen, hätten wir eigentlich vorhin schon auf dem Ibergrandweg bleiben können. Aber dann hätte uns eine große Anstrengung und ein Aufstieg über 180 Stufen bevorgestanden. So nähern wir ihr uns von oben, was insgesamt weniger Kraft kostet. Einst hat das Eichsfeld 53 Warttürme besessen, haben Historiker herausgefunden. Allein elf von ihnen lagen rund um Heiligenstadt. Sie stammen aus dem 14. und 15. Jahrhundert. Hoch oben ist der Eingang, der früher nur über eine Leiter erreicht werden konnte. Die Ibergwarte ist einer der wenigen bis heute fast vollständig erhaltenen Türme. Über eine Leiter müssen Sie nicht, es gibt einen Treppenaufgang. Um die Warte zu schützen, wurde sogar ein neues Dach installiert.

Hinter ihr wenden wir uns nach rechts und wählen den Naturpfad, der sich parallel zum Ibergrandweg sacht bergab zieht und wieder zu ihm führt. Immer geradeaus und bergab geht es, bis wir wieder auf den Arbeitsdienstweg treffen. Jetzt geht es in einer ganz spitzen Kurve wieder nach rechts, schon können wir das Dach vom Neunbrunnen sehen. Früher war das Gelände ein beliebter Ausflugstreff für die Heiligenstädter und Eichsfelder. Erstmals erwähnt wurde dieses Gebiet im Jahr 1634. Es hat den Namen von den zahlreichen Quellen in der Nähe. Neun sind es mindestens, daher kommt der Name, wie viele es aber genau sind, das hat noch niemand herausgefunden.

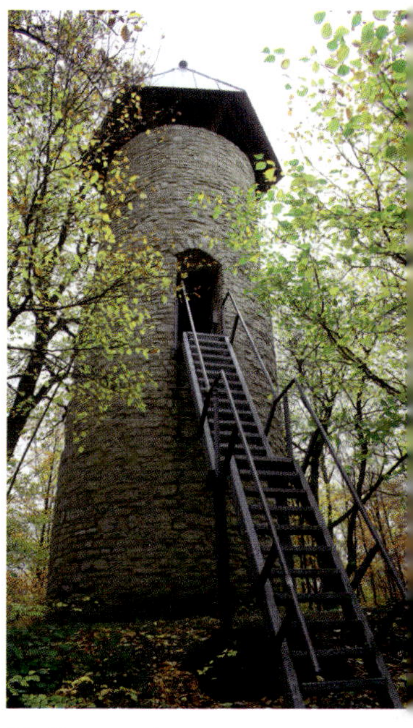

Die Ibergwarte

Wir lassen den Neunbrunnen linker Hand liegen und machen uns auf den nächsten Anstieg durch das Lange Tal. Immer geradeaus geht es nun auf guten, breiten Wegen. Für 1,6 Kilometer brauchen wir auf keine Abzweigung mehr achten. Wenn wir etwa 410 Höhenmeter erreicht haben, das ist auf der Distanz nicht schlimm, kommen wir auf die „Hauptkreuzung“ im Stadtwald, wie sie die Stadtförster scherzhaft nennen. Hier stößt das Lange Tal auf die Alte Chaussee. Früher war Letztere die hauptsächliche Straße ins Südeichsfeld. Von Asphalt aber ist hier nichts zu sehen, den gab es damals noch nicht. Wer mag, kann sich jetzt rechts auf die Alte Chaussee begeben und wenige Meter auf ihr zurücklegen. Achten Sie auf die Bäume links. Einer ist mit einer niedlichen Absperrung und einer Infotafel versehen. Es ist die Friedenseiche. Sie wurde, das ist belegt, am 24. April 1871 vom damaligen Oberförster August Vocke gepflanzt, um an den Deutsch-Französischen Krieg zu erinnern. Gleichzeitig pflanzte er sie als Symbol für Treue, Beständigkeit und Einigkeit. Aus ihr ist in den 150 Jahren ein prächtiger Baum geworden.

Wer Zeit hat, kann sich an der Kreuzung nach links wenden und der Alten Chaussee Richtung Süden folgen. Genau dort, wo sie auf die Landesstraße 2022 trifft, steht ein sagenumwobenes Schwarzes Kreuz. Das Kreuz liegt auf der anderen Straßenseite, man muss die Landesstraße überqueren.

Am Weg

Schwarzes Kreuz

Nur etwa 200 bis 300 Meter vom südlichsten Punkt unseres Wanderweges entfernt steht an der Landesstraße unter Bäumen das Schwarze Kreuz. Der Sage nach soll hier der Schwedenfriedhof von Heiligenstadt liegen, auf dem nach einer Schlacht oder einem Scharmützel die gefallenen Angreifer beerdigt wurden. Die Legende besagt, dass es an dieser Stelle bis heute nicht geheuer sei.

Wir folgen an der „Hauptkreuzung" nach dem Ausflug zur Friedenseiche dem Langen Tal weiter und überqueren die Landesstraße. Auf der anderen Seite tauchen wir wieder in den Wald ein. Nach etwa 50 Metern biegen wir rechts ab, dann geht es weiter geradeaus. Wenn wir unsicher sind, keine Angst: Der Stadtwald ist regelrecht gepflastert mit Wanderwegweisern. Das weiße T ist gefühlt immer in Sichtweite. Wir nähern uns nun dem Urwaldlehrpfad. Dieser beliebte Bereich, in dem wir uns jetzt auf schmalen Pfaden bewegen, ist vor einigen Jahren bewusst aus der Bewirtschaftung herausgenommen worden. Dort darf wachsen, was will und wo es will, was fällt, bleibt liegen. Die Wanderer und Naturfreunde können sich so besser vorstellen, wie einst die Wälder fast durchgängig aussahen. Die ältesten Buchen hier stammen von 1740. Wanderer werden gebeten, sich nicht ins dichte Gehölz zu stürzen, sondern auf dem Waldlehrpfad zu bleiben. Auch sollte der Blick ab und an auch in die Baumkronen schweifen, ob sich nicht ein Ast löst. Der Urwald ist aus der Verkehrssicherungspflicht herausgenommen.

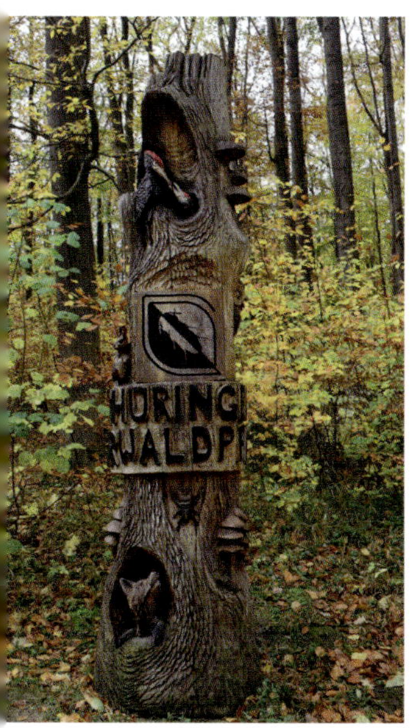

Skulptur am Urwaldlehrpfad

Kurz hinter dem Urwaldlehrpfad eröffnet sich vor uns ein traumhafter Blick. Wir sind auf der Maienwand angekommen. Links schmiegt sich das Flüsschen Lutter in sein Tal. Vor uns liegen erst Lenterode und am Horizont Röhrig. Rechts breitet sich Uder aus. Auf einem Bergzipfel, auf 1 Uhr etwa, ist Thalwenden zu erahnen. Das Holzgeländer bewahrt Schaulustige vor dem Absturz.

Die Hälfte unserer Wanderung haben wir geschafft. Wir machen uns wieder auf die Socken zur Elisabethhöhe Richtung Nordwest. Wir befinden uns auf dem Schüttenkopf mit 448 Metern, wir sind aber 20 Meter darunter unterwegs. Hier oben auf dem Plateau geht es ohne große Höhenunterschiede voran. Links unter uns liegt der alte Postreiterweg. Für uns geht es bis zur Elisabethhöhe nur geradeaus. Weit ist es eigentlich nicht, etwa ein Kilometer trennt die beiden Panoramablicke. Von der Elisabethhöhe auf 431 Metern überblicken wir jetzt das ganze stolze Dorf Uder und sehen im Hintergrund einen kegelförmigen Berg. Das ist der Rusteberg, der als die Keimzelle des Eichsfeldes gilt. Er ist eng mit der Gründungsgeschichte von Heiligenstadt verbunden. Über Jahrhunderte war der Rusteberg Amtssitz der Mainzer Kurfürsten und vieler Amtmänner und Vögte.

Wir erreichen eine Weggabelung, hier halten wir uns rechts und folgen der Route bis zur nächsten Wegkreuzung. Ab und an erhaschen wir Blicke auf Heiligenstadt. Jetzt stehen wir auf dem Stationsweg der Eichsfelder Kreisstadt. Die Stationen führen vom Tal bergauf, erst durch die Kastanienallee und dann über einen steilen Weg hinauf zum Plateau. Wenn wir uns an unserer Kreuzung nach rechts wenden, erreichen wir die kleine Elisabethkapelle, die den Abschluss des Stationsweges bildet. Wir aber gehen links und nähern uns der 13. Station. Wir werden eine Weile auf diesem Glaubensweg bleiben und folgen den Serpentinen hinab ins Tal, jetzt geht es ordentlich bergab.

Fans von Sagen und Märchen können an der 10. Station nach links den alten Postreiterweg nehmen und bis hinunter ins Leinetal stei-

Tipp

Zwergenhöhle

Die Zwergenhöhle, versteckt im Wald nahe dem Parkplatz an der Landesstraße zwischen Heiligenstadt und Uder, ist eine geologische Besonderheit im Eichsfeld und erinnert an eine kleine Sächsische Schweiz. Datiert wird der rote und violette Sandstein auf das Zeitalter der Trias vor 245 Millionen Jahren. Damals lagerte sich der Buntsandstein im interkontinentalen und von Meer bedeckten mitteleuropäischen Becken ab. Das Eichsfeld lag am Rand dieses Beckens. Vermutlich ist die Höhle nicht durch eine geologische Störung, sondern durch Abrutsch eines Überhangs entstanden.

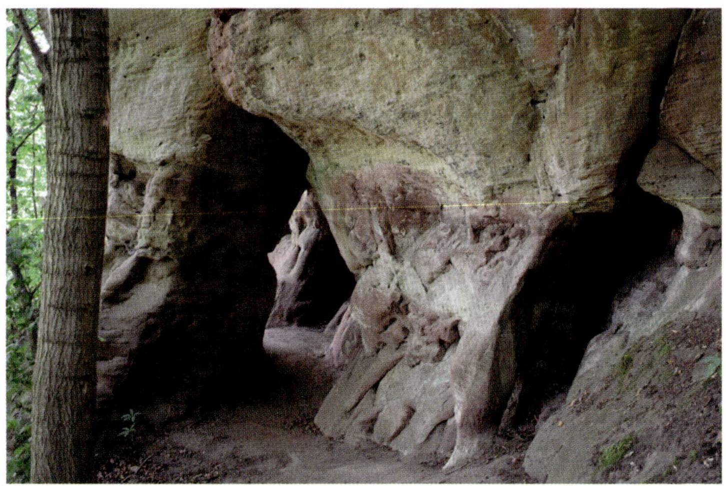

gen. Der gabelt sich noch einmal, der linke Weg führt zu der Stelle, an der die legendäre Alte Burg einst stand, dort soll Frankenkönig Dagobert vom Aussatz geheilt worden sein. Der rechte Weg führt hinunter zur Zwergenhöhle. Kurz bevor wir die Landesstraße von Heiligenstadt Richtung Uder erreichen, führt links ein kleiner Pfad zu ihr. Sie erinnert an ein Elbsandsteingebirge en miniature. Der Abstecher würde uns heute aber wertvolle Kraft und Zeit kosten. Darum bleiben wir auf dem Kreuzweg.

Kurz vor der 9. Station, bevor die Kastanienallee beginnt, schwenken wir rechts auf den befestigten und nach etwa 50 Metern links auf den unbefestigten Paradiesrandweg ein. Bald treten wir aus dem Wald heraus beziehungsweise befinden uns nun direkt am Waldrand. Der Blick auf Heiligenstadt ist großartig. Wir bleiben auf dem Weg mal vor und mal unter den Bäumen, bis wir nach einer Kurve vor der Landesstraße 2022 stehen. Für Motorsportfans: Die Kurve der Straße rechter Hand ist der in der Gegend berühmte „Posten 7". Dort halten sich die meisten Zuschauer beim Ibergrennen auf, weil es an dieser Stelle die spektakulärsten Fahrmanöver zu sehen gibt. Wir überqueren die Straße und gelangen wieder auf einen Arbeitsdienstweg, auf den wir nach rechts einbiegen. Ab jetzt geht es wieder bergauf. Manche stöhnen, wenn sie hier nach oben sehen, aber am Ende ist der Anstieg nicht so schlimm. Wir müssen ja nicht den Hang direkt hinaufkriechen. Nach etwa 200 Metern halten wir uns scharf links und nehmen den Philosophenweg, der kurz darauf wieder nach rechts abbiegt. Ihm folgen wir immer sanft bergan hinauf zum Plateau.

Oben angekommen stehen wir vor der Klöppelsklus und machen Rast. Das meiste haben wir inzwischen geschafft. Aber auf uns war-

Am Weg

Klöppelsklus

Einst stand hier ein kleines Rasthaus an der alten Geleitstraße, der Alten Chaussee von Heiligenstadt ins hessische Eschwege. Für den steilen Aufstieg von Heiligenstadt hinauf auf den Berg gab es für die Fuhrwerke und Kutschen immer einen sogenannten Vorspann, der an dieser Stelle abgehängt wurde, Mensch und Tier konnten erst einmal Rast und Pause machen. Da die Alte Chaussee aber sehr steil und in den Kurven sehr eng war, wurde oben ein hörbares Zeichen gegeben, wenn sich ein

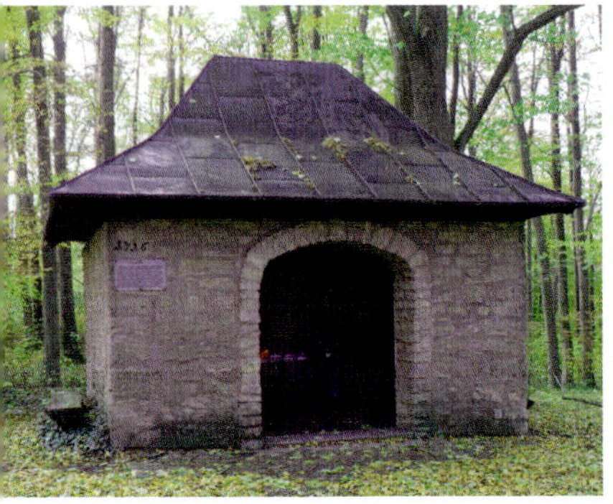

Wagenzug ins Tal hinab aufmachte. Das Zeichen war ein Schlag mit einem Klöppel an die Glocke, was bis unten zu hören war. Dann musste ein eventueller Zug im Tal warten. Später wurde aus dem Rasthaus die Kapelle, die dann den Namen Klöppelsklus bekam. Sie wurde im Jahr 1716 errichtet.

ten noch historische Zeitzeugen. Wir wenden uns auf der Kreuzung Richtung Osten, haben also die Klöppelsklus im Rücken. Kaum 20 Meter weiter geht es für uns vom breiten Weg links ab und dann an der nächsten Möglichkeit wieder nach rechts. Wir sind auf knapp 453 Meter Höhe, dem höchsten Punkt unserer Wanderung. Der Weg führt uns zum Kurfürstenstein.

Am Weg

Kurfürstenstein und Meridiansteine

Der Obelisk ist das einzige Denkmal, den die Heiligenstädter je einem Landesherrn gesetzt haben: Kurfürst und Erzbischof Friedrich Karl Joseph von Erthal (1719–1802) war der letzte Mainzer Kurfürst für das Eichsfeld, ehe es 1802 zu Preußen kam. Am 3. Juli 1777 wanderte er auf den Iberg, um sich die Stadt von oben anzusehen. Er genoss tatsächlich im Eichsfeld Verehrung, und das will was heißen.

In unmittelbarer Nähe stehen zwischen den Bäumen merkwürdige dreieckige Steine. Das sind die Meridiansteine. Sie erinnern an die erste Landvermessung des Eichsfeldes überhaupt. Die nahm im Jahr 1803 Johann Georg Lingemann vor, nach dem seit der Deutschen Einheit das staatliche Gymnasium in der Kreisstadt benannt ist. Der Schlussstein steht am Eichsfeldmuseum, das früher das Gymnasium beherbergte und dessen Direktor Lingemann war.

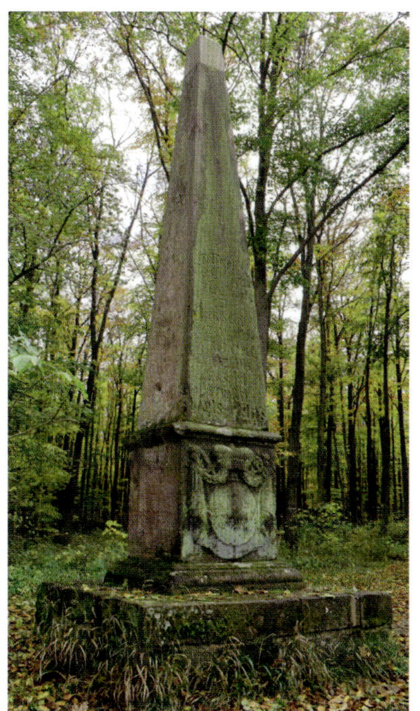

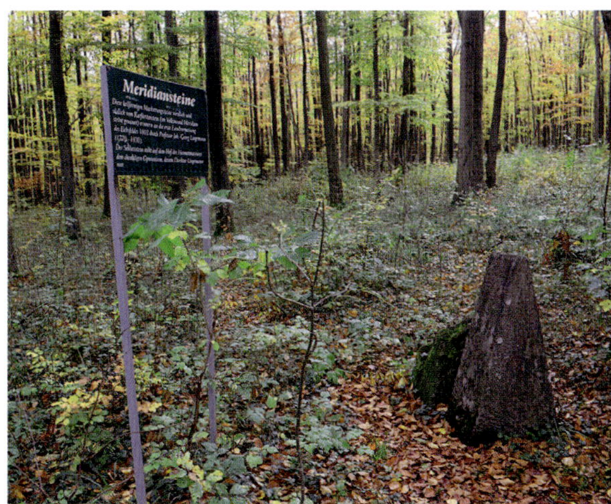

Der Kurfürstenstein (links) und die Meridiansteine auf dem Iberg-Plateau

Wir folgen unserer Richtung nach Osten weiter, haben es nicht mehr weit. Es sind nur noch knapp zwei Kilometer bis zum Ziel. Der Weg führt uns immer geradeaus bis zur Drei-Linden-Kapelle. Wir steigen neben der Kapelle wenige Meter den Pfad hinunter, halten uns links und sind auf dem Arbeitsdienstweg angekommen. Wenn wir Glück haben und das Wetter klar ist, können wir an einer Stelle nah am Weg bis auf den Brocken im Harz blicken. Zwei Kurven müssen wir jetzt noch bewältigen und stehen im Biergarten des Iberghäuschens.

Gastronomie:

Gasthaus Iberg, Ibergstraße 32, 37308 Heiligenstadt,
Telefon 03606/612770

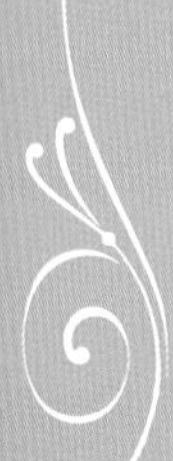

Der Junge in der Zwergenhöhle

Früher haben die Heiligenstädter behauptet, der Eingang zur Zwergenhöhle sei überhaupt kein Eingang, sondern vielmehr ein Ausgang. Ein unterirdischer Gang soll vom Rathauskeller bis hierher geführt haben, um die Flucht aus der befestigten Stadt zu ermöglichen.

Eines Tages wurde ein Junge aus Uder von seinen Eltern in die Stadt zum Einkaufen geschickt. In der Stadt gab es so viel zu sehen, dass der Junge die Zeit vertrödelte. Als er sich wieder auf den Heimweg machte, begann es zu dämmern. Das furchtlose Kerlchen aber begab sich wohlgemut auf den Weg. Als er an der Alten Burg vorbeikam und die Blätter des Waldes in der inzwischen hereingebrochenen Nacht rauschten, bekam er es jedoch mit der Angst zu tun. Er schlich vorsichtig weiter und schaute sich ab und zu um. Plötzlich bekam er einen Schrecken, denn von der Höhe fiel ein Lichtstreifen durch die Bäume. Und auf einmal erklang liebliche Musik vom Berg her. Da wurde er munter. Voller Neugier schlich er den Berg hinauf und sah, dass das Licht aus der Tür der Kapelle fiel. Da sprang die Tür ganz auf und ein Hochzeitszug kam heraus. Schnell versteckte er sich und staunte: Der Zug bestand aus lauter Zwergen. Die Tochter des Zwergenkönigs hatte sich in dieser Nacht vermählt. Vorn liefen die Zwergenkinder, die Blumen streuten, andere trugen Lichter. Dahinter kam die Musikkapelle. Das Brautpaar war in Samt und Seide gekleidet, goldene Kronen saßen auf den Köpfen. Auf dem Platz vor der Kapelle bildete das Zwergenvölkchen einen Kreis, König und Königin gesellten sich zum Brautpaar, alle sangen feierliche Lieder. Dann setzte sich der Zug in Bewegung, um zur Zwergenhöhle am Berghang zu ziehen. Der Junge folgte, jetzt wollte er noch mehr sehen – koste es, was es wolle.

Als alle Zwerge in der Höhle waren, schlich er hinterher. Immer tiefer ging es in den Berg, bis sich der enge Gang plötzlich zu einem großen festlich geschmückten Saal weitete. Lange Tafeln standen da, an die sich die Gäste zum Hochzeitsschmaus niederließen. Ein ehrwürdiger

Zwerg mit weißem Bart stand auf und hielt eine Rede, worauf die Zwerge klatschten und den aufgetafelten Gerichten gut zusprachen. Dem Jungen, der seit Mittag nichts gegessen hatte, lief das Wasser im Munde zusammen. Ach, wie gern hätte er probiert. Doch dann bekam er einen Hustenreiz. Laut prustete er in seinem Versteck. Was gab das für eine Verwirrung! Die Zwerge zogen ihn in die Halle, wo sich der Zwergenkönig vor ihm aufbaute und fragte, wer er sei und was er wolle. Ehrlich erzählte der Junge seine Geschichte. Der König wurde ganz freundlich und bat ihn zu Tisch. Das ließ sich das Kerlchen nicht zweimal sagen und langte ordentlich zu. Immer wieder füllten die Zwerge seinen Teller. Dann baten sie ihn, ihnen etwas zu erzählen. Er sprach vom Kühehüten und seinem Hund, der so lustig umhersprang. Die Zwerge hatten sehr viel Spaß und forderten ihn auf, noch ein bisschen zu bleiben.

Schließich wollte der Knabe doch den Heimweg antreten. Der Zwergenkönig bedankte sich bei ihm für die Kurzweil und wünschte ihm Gottes Segen. Er zog einen goldenen Ring von seinem Finger und schenkte ihn dem Jungen. Ein Zwerg fasste seine Hand und brachten ihn ins Freie.

Der Junge lief schnell Richtung Uder. Aber irgendetwas schien im Dorf nicht zu stimmen. Trotz des hellen Mondlichtes konnte er sein Elternhaus nicht finden. Als der Junge schüchtern jemanden fragte, wo er Vater und Mutter fände, kannte niemand deren Namen. Schließlich brachte man ihn zum Pfarrer, dem er die Geschichte erzählte. Er sei doch erst gestern Morgen nach Heiligenstadt gelaufen. Plötzlich fiel dem Pfarrer ein, dass er im Kirchbuch gelesen hatte, dass vor hundert Jahren ein Junge aus dem Dorf spurlos verschwunden war. Er schlug nach – ja, es stimmte. Obwohl der Geistliche versuchte, noch irgendeinen Verwandten ausfindig zu machen, war es vergebens. So gab er ihm bei sich Obdach.

Es wird erzählt, dass aus dem Jungen später ein tüchtiger Bauer geworden sei. Den Ring des Zwergenkönigs behielt er Zeit seines Lebens. Obwohl er weiterhin zur Zwergenhöhle ging – von dem kleinen Völkchen hat er nie wieder etwas gehört oder gesehen.

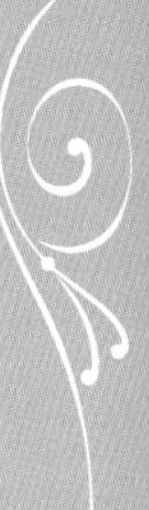

Tour 6

 Startpunkt

 Zielpunkt

 Parkplatz

 Gastronomie

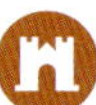 Sehenswürdigkeit

 Kulturstätte

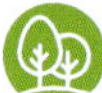 Naturerlebnis

 familienfreundlich

 Aussichtspunkt

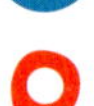 Zwischenziel

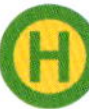 Haltestelle

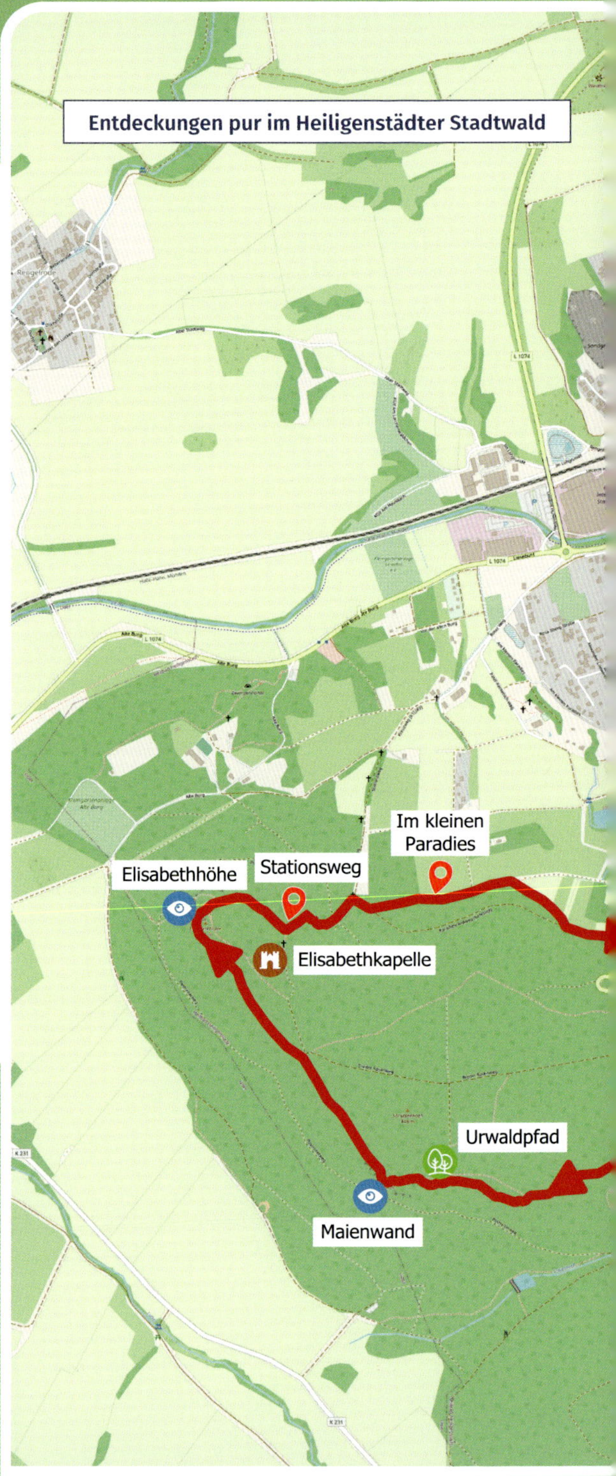

Entdeckungen pur im Heiligenstädter Stadtwald

Im kleinen Paradies

Elisabethhöhe

Stationsweg

Elisabethkapelle

Urwaldpfad

Maienwand

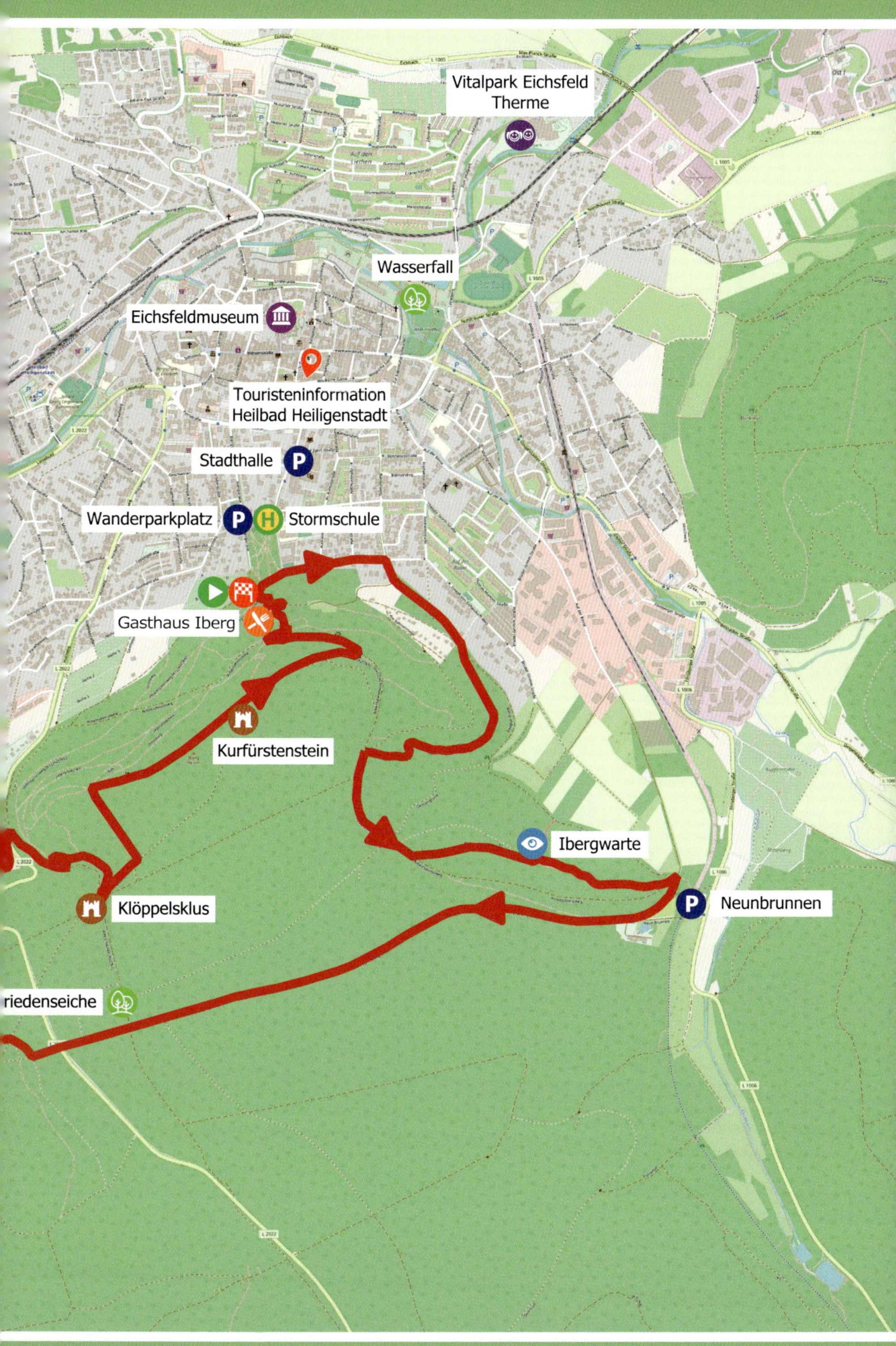
Vitalpark Eichsfeld Therme
Wasserfall
Eichsfeldmuseum
Touristeninformation Heilbad Heiligenstadt
Stadthalle
Wanderparkplatz
Stormschule
Gasthaus Iberg
Kurfürstenstein
Ibergwarte
Neunbrunnen
Klöppelsklus
riedenseiche

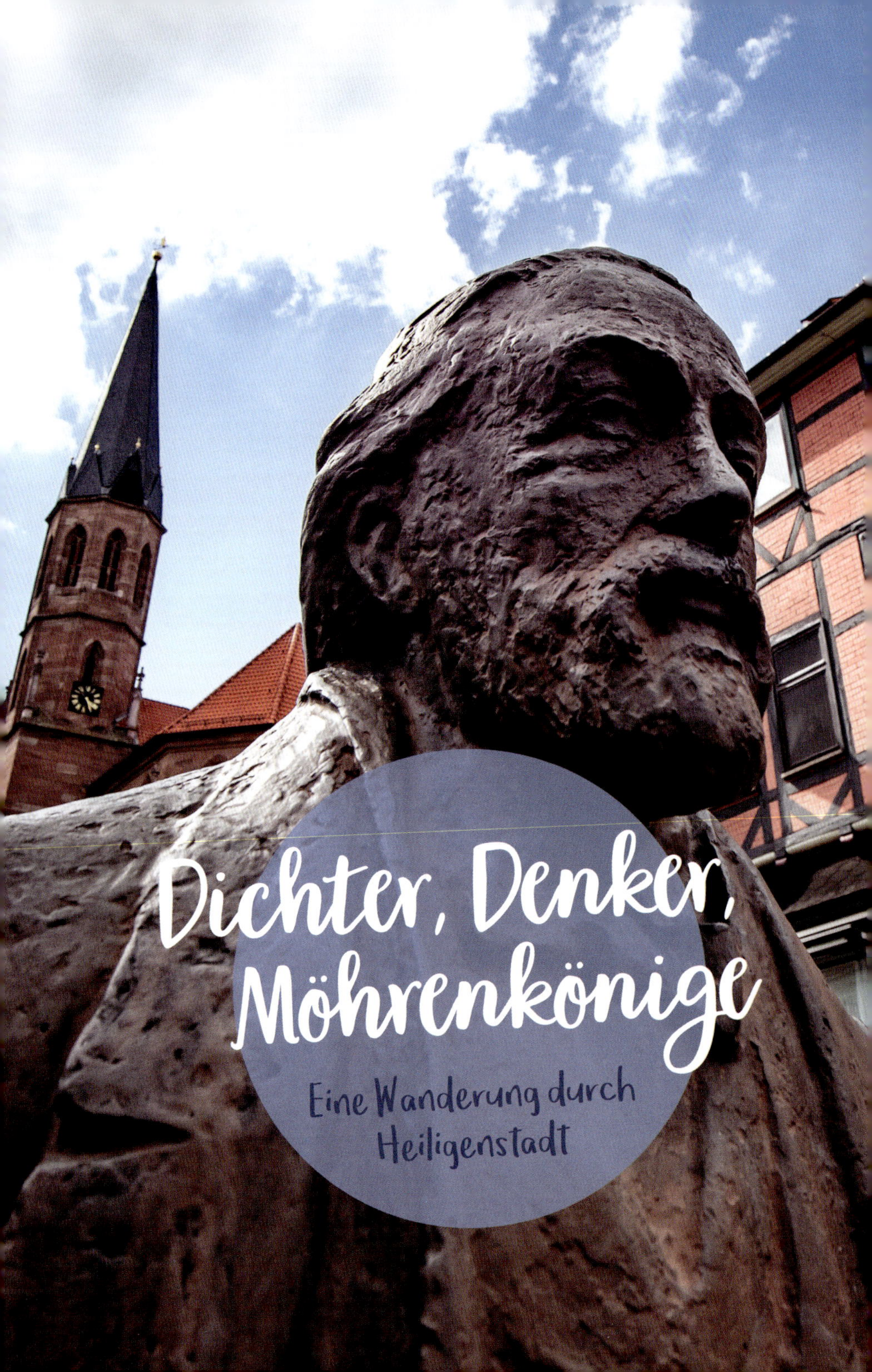
Dichter, Denker, Möhrenkönige
Eine Wanderung durch Heiligenstadt

Heilbad Heiligenstadt – diesen Namen sprechen Heiligenstädter oft voller Stolz aus. Zu Recht. Heiligenstadt, so die Kurzfassung, ist nicht nur die historische Hauptstadt des gesamten Eichsfeldes, sondern auch die Kreisstadt des gleichnamigen Landkreises. Dazu liegt die stolze Stadt an einem Nebenzweig der Deutschen Märchenstraße, einer der schönsten und beliebtesten Deutschen Ferienrouten. Schneeweißchen und Rosenrot haben hier als Märchengestalten ihr Zuhause gefunden.
Viel gibt es zu entdecken in der über 1050-jährigen Stadt im Herzen Deutschlands. Wir begeben uns heute auf die Spuren der Brüder Grimm, begleiten den großen Dichter Theodor Storm, wir begegnen Sagenhaftem, Künstlern und vor allem dem Element Wasser. In Heiligenstadt finden Menschen Heilung, so sagt man – nicht nur von körperlichen, sondern auch seelischen Gebrechen.

1:30 Std.

4,5 km

22 Meter

Start/Ziel: Märchenpark am Vitalpark, In der Leineaue 1, 37308 Heiligenstadt
Wegbeschaffenheit: durchgehend befestigte Wege
Parken: am Vitalpark
Anreise mit ÖPNV: Bahnhof Heiligenstadt, weiter mit Stadtbuslinien A und B bis Haltestelle Am Vitalpark

Wegbeschreibung: Der Märchenpark am Hotel am Vitalpark in der Leineaue liegt etwas außerhalb des Stadtzentrums und bildet den Beginn unserer Wanderung. Heiligenstadt liegt an einem Nebenarm der Deutschen Märchenstraße, die sich von Hanau bis Bremen zieht und sich den Kinder- und Hausmärchen der Brüder Grimm widmet. Heiligenstadt – und damit das Eichsfeld – wurde an die Deutsche Märchenstraße angeschlossen, weil Jakob und Wilhelm Grimm im Jahr 1838 hier den Grundstein für das Deutsche Wörterbuch, ihr zweites großes Werk, legten. Aber dazu kommen wir später noch.

Wir nehmen gleich den Fußweg links neben dem Park, der uns in einem sanften Anstieg zum Leineberg und dann hinab Richtung Innenstadt führt. An der Weggabelung halten wir uns rechts auf dem Hauptweg. Kurz vor der Brücke über die Eisenbahnstrecke gelangen wir zum Leineberg, wir laufen über die Brücke und bleiben erst einmal auf dem linken Bürgersteig. Wir erreichen eine weitere Brücke, die uns über die Leine führt. Am Stadion überqueren wir an der Fußgängerampel die Straße und stehen schon direkt in der grünen Lunge der Stadt – im Kurpark. Wir betreten ihn und begegnen gleich einem der wichtigsten Elemente in Heiligenstadt, dem Wasser.

Der Kurpark trägt den Namen „Heinrich Heine".

Auch dieser Dichter ist eng mit der Stadt verbunden. 1825 kam er zu Fuß von Göttingen herüber, um sich hier taufen zu lassen. Er trat vom jüdischen Glauben über zum evangelischen. Der Kurpark ist allein mit seinen Winkeln, Treppen und Abenteuern wert, einen ganzen Tag hier zuzubringen. Wir nehmen heute aber zunächst den Weg geradeaus hindurch, lassen Rosentreppe, die Kaskaden am Kriegerdenkmal, die zur alten Parkanlage führen, und den Weg links hinter der Konzertmuschel außer Acht. Heinrich Heines Bronzekopf steht rechts von uns, umgeben von Bänken. Dahinter

Heinrich Heine im Kurpark

plätschert die Leine. Auf einer Holzbrücke überqueren wir jetzt die Geislede. Wer möchte, kann fix die Treppen linker Hand hinaufeilen, um sich eines der ältesten Völkerschlachtdenkmäler Deutschlands anzusehen. Links liegt nun auch die Kurparkklinik mit Café. 1995 bekam Heiligenstadt den Status Heilbad, aber die Kurtradition reicht zurück bis in die 1920er Jahre. Das Wasser in Heiligenstadt war immer besonders. Selbst die Gründung der Stadt ist der Legende nach mit heilsamem Wasser, in dem Fall Tau, verbunden. Vor über 1300 Jahren wurde nahe der heutigen Stadt der Sage nach König Dagobert von einem furchtbaren Aussatz geheilt. „Wahrlich, es muss eine heilige Statt sein", soll er ausgerufen haben.

Immer geradeaus führt uns unser Weg, bis wir wieder aus dem Kurpark kommen und die Göttinger Straße erreichen. Wir überqueren sie und wenden uns nach links Richtung Innenstadt. Bald eröffnet sich uns links der Blick auf die doppelseitige Lindenallee mit einem großen Springbrunnen. Jetzt halten wir uns rechts. Hinter dem Norddeutschen Bund, ein Gasthaus mit Hotel, biegen wir direkt am Mühlgraben in den südlichen Zweig der Fronmühlengasse ein. Vor uns liegt ein wunderbares Fachwerkensemble. Es ist die Herrnmühle. Ein altes Wehr gibt es, auf der Mauer sitzt eine kleine Figur und schaut angestrengt in das Wasser. Sie gehört zum Heiligenstädter Skulpturenweg. Entlang der Wasserläufe der Stadt stehen einige Skulpturen zu diesem Thema, die bei einem Bildhauersymposium entstanden sind.

Hinter dem Fachwerkensemble erhebt sich der mächtige Kornspeicher. Wer kurz nach oben blickt, macht manchmal automatisch einen Schritt zur Seite. Aber keine Angst, der große Mehlsack ist fest angebunden, er fällt nicht hinab. Wir wählen den Weg zwischen Kornspeicher und Stadtmauer hindurch Richtung Sperberwiese und kommen so automatisch in den Knickhagen. Dort stehen einige der ältesten Häuser in der Stadt. Klein, putzig und bunt schmiegen sie sich aneinander. Sie haben die großen Stadtbrände überstanden. Das Haus geradezu vor uns ist das evangelische Pfarramt und der Ort, an dem Heinrich Heine die Taufe empfing und vom Harry Heine zu Heinrich Heine wurde.

Wir wenden uns nach rechts und laufen an den Treppen vorbei, die die große Sandsteinmauer unterbrechen, folgen der Kurve und kommen auf den Friedensplatz. Hier sind wir an einem geschichtsträchtigen Ort. Hoch ragt nicht nur das barocke Mainzer Schloss auf, das Sitz des Landratsamtes ist, sondern auch die Martinskirche. Hier ist die Keimzelle Heiligenstadts.

Am Weg

Stiftsberg auf dem Friedensplatz

Der Stiftsberg gilt als die älteste Kirchengründung im Eichsfeld. Der Legende nach soll Frankenkönig Dagobert I. nach seiner wunderbaren Heilung die Gründung verfügt haben. Grabungen, die in den 1990er Jahren im Zuge der großen Kirchensanierung erfolgten, lassen sogar eine Kaiserpfalz vermuten. Mit dem Bau der hochgotischen Kirche, die wir heute sehen, wurde 1276 begonnen. Erst mit der Machtübernahme Preußens zu Beginn des 19. Jahrhunderts wurde St. Martin von einer katholischen zu einer evangelischen Kirche. Mindestens zwei Vorgängerbauten sind bekannt. Auf dem Friedensplatz selbst fanden im Herbst 1989 große Demonstrationen statt, bis am 9. November die Mauern und Grenzen fielen. Das Bergkloster am Platz ist Hauptsitz des international agierenden Ordens der Schwestern der heiligen Maria Magdalena Postel.

Mainzer Schloss

Das wuchtig wirkende, aber gar nicht mal so große Mainzer Schloss auf dem Friedensplatz in Heiligenstadt ist ein Barockbau, errichtet von 1736 bis 1738 durch den Dingelstädter Baumeister Johann Christoph Heinemann. Es diente dem Kurfürsten von Mainz als Statthalterei. Nach der Machtübernahme Preußens wurde es Verwaltungssitz des Kreises Heiligenstadt, Theodor Storm hatte dort sein Amtszimmer. Heute ist es Sitz des Landratsamtes des Landkreises Eichsfeld. Im Inneren sind nicht nur die Amtstuben, sondern ist auch die Laurentiuskapelle zu finden, in der ab und an Kammermusikkonzerte und kleinere Veranstaltungen stattfinden.

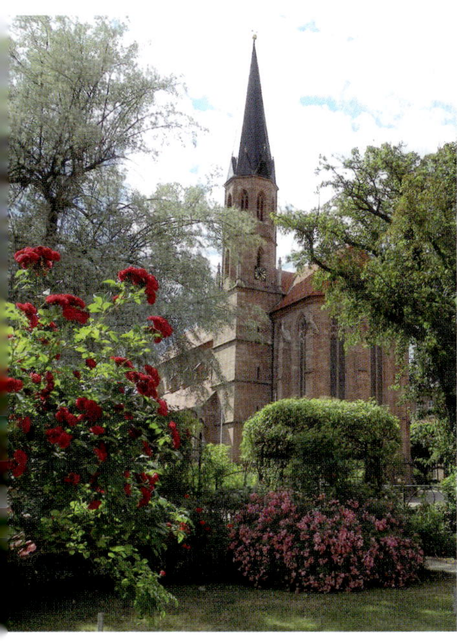

Martinskirche

Wir laufen nun zwischen Schloss und Kirche hindurch. Vor uns in Blickrichtung Fußgängerzone liegt das Mainzer Haus. Fast rennen wir eine große Bronzefigur um, die aussieht, als würde sie die Treppen hinunterschlendern. Es ist Theodor Storm. Der große Dichter verbrachte fast acht Jahre in Heiligenstadt und wirkte hier als Amtsrichter. Von 1856 bis 1864 nannten er und seine Familie die Stadt im Herzen des Eichsfeldes ihr echtes Zuhause. Storm lebte in der Wilhelmstraße.

Am Weg

Literaturmuseum Theodor Storm

Das Literaturmuseum Theodor Storm befindet sich in einem der ältesten Häuser der Stadt, dem Mainzer Haus, das im Jahr 1436 im fränkischen Fachwerkstil errichtet wurde. Zum 100. Todestag des Dichters wurde es 1988 eröffnet. Im Inneren beschäftigt man sich mit der Zeit Storms in Heiligenstadt und kommt immer wieder zu neuen Forschungsergebnissen. Im Haus gibt es ein Zimmer, das sich Heinrich Heine widmet, der in Heiligenstadt getauft wurde. Außen befindet sich ein wunderbarer Rosengarten, der vor allem im Sommer eine Augenweide ist. Träger ist der äußerst rührige Stormverein, der gemeinsam mit der Museumsleitung zahlreiche Lesungen, Veranstaltungen, Konzerte, Angebote für Kinder und mehr organisiert.
https://stormmuseum.de

Jetzt kommen wir in „die gute Stube“ Heiligenstadts, die Wilhelmstraße. Der erste Teil der Haupteinkaufsstraße ist eine Fußgängerzone. Wir lassen rechts den Schöllbach und die Neustädter Kirchgasse, links die Kupfergasse und die Kollegiengasse hinter uns und achten dann auf die Häuserzeile links. Dort steht ein Hinweisschild zum Barockgarten. Genau dieses Haus trägt eine Tafel mit den Gesichtern der Brüder Grimm. Einst war das Gebäude das „Deutsche Haus“. Dort unterschrieben die Grimms den Vertrag mit ihrem Verleger zum Deutschen Wörterbuch.

Wir nehmen den Durchbruch zurück auf den „Wilhelm“. Schräg gegenüber finden wir die Stadtbibliothek. Jetzt erreichen wir nach wenigen Schritten den Marktplatz. Schauen Sie mal auf den Balkon des Rathauses hinauf. Da steht eine gar seltsame Gestalt. Ein roter Mantel, ein langer weißer Bart, eine Krone auf dem Kopf und eine mannshohe Möhre im Arm – wer ist das bloß? Es ist der Heiligenstädter Möhrenkönig. Ihm und den Treppen zu Füßen liegt ein kleines Möhrenbeet. Seine Majestät verkörpert den Spitznamen der Heiligenstädter. Nahezu jedes Dorf und jede Stadt im Eichsfeld hat einen Spitznamen beziehungsweise deren Bewohner. Und die Heiligenstädter wurden eines sagenhaften Vorfalls wegen zu den Möhrenkönigen.

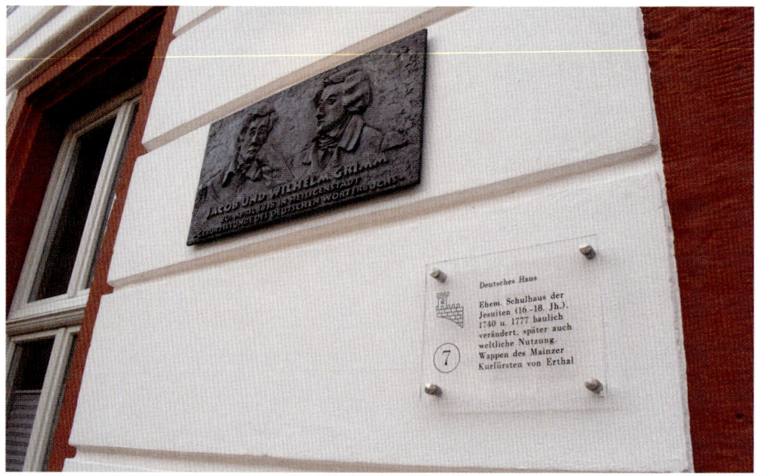

Brüder-Grimm-Tafel am Durchgang zum Barockgarten

Unter dem König am Eingang zum Marktplatz stoßen wir auf zwei weitere Figuren. Ab und an stellen Menschen Blumen vor ihnen ab oder sprechen ein kleines Gebet. Es sind die Stadtpatrone Aureus und Justinus, um die sich ebenso wie um Dagobert eine Sage rankt und die eigentlich miteinander verbunden sind. Ihre Reliquien ruhen ebenfalls in der Hauptstadt des Eichsfeldes. Dass das Thema Wasser in Heiligenstadt groß ist, zeigt ein Blick auf den Neptunbrunnen. Ein weiterer Blick fällt auf den schlanken Kirchturm und die sagenhaft schöne Kapelle. St. Aegidien. Sie wird „die Neustädter Kirche" genannt, während die doppeltürmige Marienkirche die „Altstädter Kirche" ist. Die Kapelle nahe dem Markt trägt den Namen „Maria-Hilf-Kapelle". Um sie beziehungsweise ihren Vorgängerbau ranken sich Legenden, die mit dem Schutz der Gottesmutter und, wie sollte es anders sein, mit Gewitter, Regen und ganz viel Wasser zu tun haben.

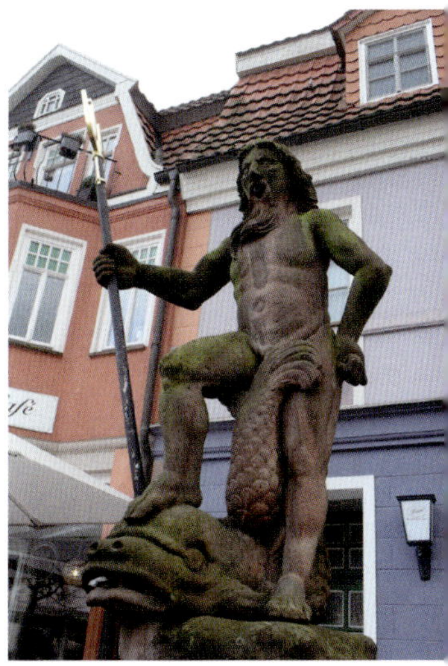
Der Neptunbrunnen auf dem Markt

Der Abstecher zum Markt soll uns nicht abhalten, unsere märchenhafte Spurensuche weiter fortzusetzen, wir kehren die wenigen Meter zur Wilhelmstraße zurück und folgen ihr weiter.

Jetzt treten wir fast dem Pole Poppenspäler in die Hacken. Die kleine Bronzefigur auf dem Gehweg ist so in ihr Buch vertieft, dass sie selbst in eine Pfütze tritt. Auf den Buchseiten ist ein Auszug aus dem Storm-Märchen zu erkennen. Wenige Meter hinter der Figur steht das Haus mit der Nummer 73. Auch hier verweist eine Tafel an der Wand darauf, dass es von 1857 bis 1864 das Wohnhaus von Theodor Storm war. Das alte Gefängnis, in das er Delinquenten einweisen musste, liegt genau gegenüber. Von dem Gefängnis ist allerdings nicht mehr viel zu sehen. Vielmehr ist das Gebäude heute als „Wilhelmpassage" bekannt und beherbergt Geschäfte.

Gegenüber dem Gebäude biegen wir nach links in die Riemengasse ein, verlassen den „Wilhelm" und tauchen in die lauschige Altstadt

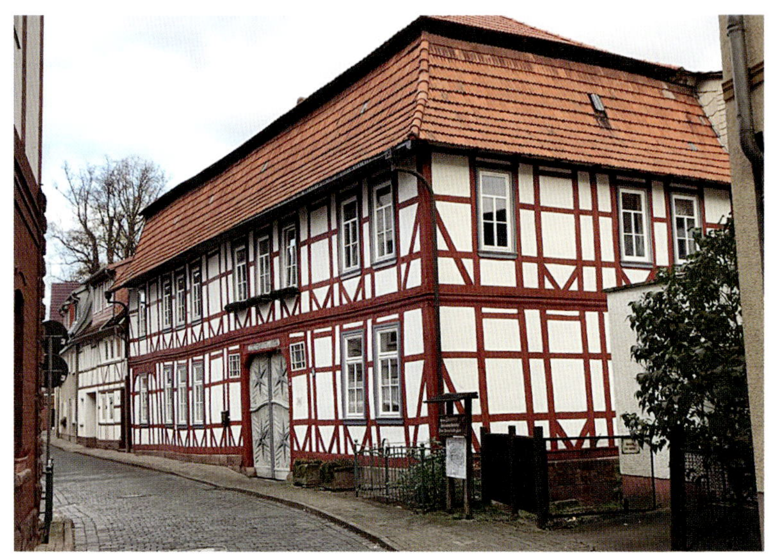

In diesem Haus wurde Tilman Riemenschneider geboren.

von Heiligenstadt ein. Am Wasserlauf halten wir uns rechts und laufen parallel zu ihm bis zur Klausgasse. Genau vor uns liegt ein imposantes Fachwerkgebäude. Es ist die Klausmühle. Sie gilt gesichert als der Geburtsort des berühmten Bildhauers Tilman Riemenschneider, der später in Würzburg zu seiner künstlerischen Hochphase fand. Der Mühlgraben liegt hier offen, ein Mühlrad verweist auf die Geschichte des Hauses. Wir biegen vor der Klausmühle nach links auf die Klausgasse ein, die nach nur wenigen Schritten in den Heimenstein mündet. Mehr Altstadt als hier geht kaum. Vor uns liegt der baumbewachsene Klausberg. Wir erklimmen die Treppen zu dem Areal an der Stadtmauer und müssen noch weitere hinaufsteigen, um zur Klauskirche zu kommen. So klein die Klauskirche auch ist, sie besitzt eines der bekanntesten Kirchweihfeste der Region. Die Heimensteiner Kirmes jedes Jahr zu Pfingsten gilt als die älteste im Eichsfeld. Belegt ist sie seit mehr als 650 Jahren.

Wir nehmen nun den kleinen Weg vor den Treppen nach links. Über ihn kommt man auch barrierefrei auf das Kirmesgelände. Wir biegen gleich wieder links in das Sträßchen „Klausberg“ ab. Am Ende der Häuser eröffnet sich ein weiter Platz. Wenn wir uns jetzt umdrehen und leicht nach links gucken, können wir in der Stadtmauer noch das alte „Huchelheimer Tor“ erahnen. Unter den Bäumen geht

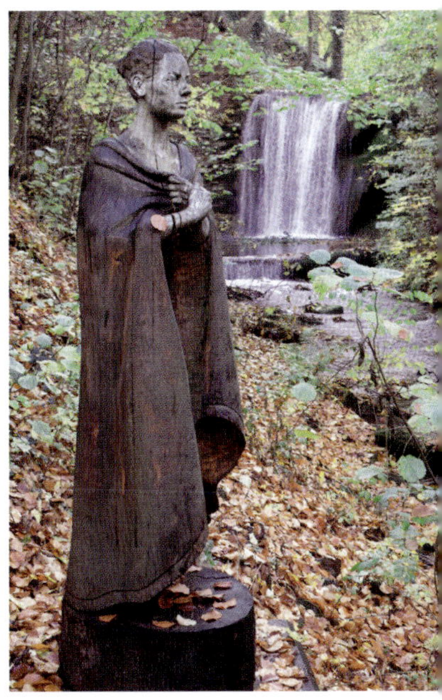
Die Regentrude im Kurpark

es weiter, wir haben wieder einen Teil des Kurparks erreicht. Viele Treppen führen nun hinab zum Wasserfall der Geislede. Er ist sieben Meter hoch und ein beliebter Ort zum Verweilen. Und an der kleinen Brücke, von der man den besten Blick auf das Naturschauspiel hat, steht die „Regentrude". Die hölzerne Figur mit ihren feinen Gesichtszügen und durchsichtigem Körper hat Bildhauer Christoph Haupt im Jahr 2017 geschaffen. Es ist ein mystischer Ort. Genau hier soll Theodor Storm oft gewesen sein, er hatte es ja nicht weit von daheim, und hier soll ihm die Idee zu dem wunderbaren Märchen gekommen sein. Die Regentrude hat bereits etwas Patina angesetzt und fügt sich wie ein Geist in die Natur um sie herum ein.
Wir trennen uns nur schwer und gehen weiter. Nach wenigen Metern stehen wir wieder auf dem Hauptweg des Kurparkes an der Konzertmuschel. Unsere Runde ist hier geschlossen. Rechts geht es wieder am Herzteich vorbei aus dem Park heraus. Jetzt laufen wir aber nicht über den Leineberg zurück, sondern überqueren die Straße am Stadion und gehen weiter geradeaus, halten uns dann links unter der Bahnunterführung hindurch. Die Straße heißt „An der Badeanstalt". Bald hinter dem Trimm-Dich-Pfad führt ein Weg links ab, den wir nehmen. Er führt uns direkt wieder zu unserem Startpunkt, dem Märchenpark.

Gastronomie:

Restaurant Theodor Storm (im Hotel am Vitalpark), In der Leineaue 2, 37308 Heiligenstadt, Telefon 03606/6637-0

Hotel Norddeutscher Bund, Göttinger Straße 25, Telefon 03606/553-00 www.hotel-norddeutscher-bund.de

Gasthaus St. Martin, Wilhelmstraße 22, Telefon 03606/602860, www.gasthaus-sankt-martin.de

Café Barock, Marktplatz 7, Telefon 03606/5093248, https://barockcafe.de

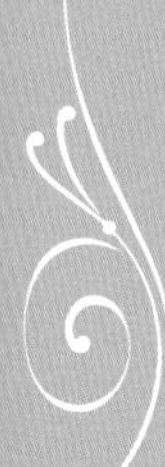

Die Heiligenstädter Möhrenkönige

Zank und Streit hat es schon immer gegeben. Eines Tages hatten sich die Heiligenstädter aber den Zorn der eichsfeldischen Ritterschaft zugezogen. Worum es ging, ist in den Nebeln der Geschichte verschwunden. Über die Drohungen der Ritter lachten die Heiligenstädter, sie verließen sich auf die dicken Stadtmauern und ihre eigene bewährte Kampfeskunst. Die Ritter hatten aber bald die Nase voll mit den Heiligenstädtern, rüsteten zum Kampf und stellten ein ganz anständiges Heer samt Fußvolk auf die Beine.

Auf Schleichwegen zog die kleine Armee dann am ausgemachten Tag Richtung Heiligenstadt, genau zur Mittagsstunde, als alle zu Tisch saßen. Aber der Wächter oben in der Türmerwohnung der Altstädter Kirche war wachsam. Er bemerkte den Feind. Flugs gab er mit dem Horn das Alarmsignal. Die Torwächter sprangen auf und verschlossen die Stadttore mit ihren großen starken Riegeln.

Aber wie es so kommt: Man weiß nicht mehr, an welchem Tor es sich zugetragen hat, aber einer der Wächter konnte den schweren Riegel nicht finden. Fieberhaft suchte er nach dem Eichenriegel oder einem passenden Ersatz. Seine Frau hatte am Tag zuvor Möhren geerntet. Die dickste aber, groß, schwer und lang, hatte sie im Torhaus bei ihrem Mann liegengelassen, um damit in der Nachbarschaft zu prahlen. Der Wächter schnappte die Möhre und schob sie statt des Riegels in die Schließvorrichtung. Kaum war sie drin, rannte der Feind gegen das Tor. Die Möhre aber blieb standhaft. Die Bürger konnten den Feind abwehren, der sich zunächst zurückzog. Tagelang lagen sie vor der Stadt und dachten darüber nach abzuziehen.

Die Möhre indes steckte weiter in dem Stadttor, der Wächter suchte auch nicht mehr nach dem Riegel. Er hatte aber eine stattliche Ziege. Die war inzwischen hungrig geworden und zog an ihrem Strick, bis er riss. Kaum erblickte sie die Möhre, machte sie sich über sie her, bis nichts mehr von ihr übrig blieb. Kaum hatte sie ihren Festschmaus beendet, unternahm der Feind einen letzten Versuch und rannte im

Sturm gegen das Tor, das natürlich sofort aufsprang. So sehr die Heiligenstädter sich auch wehrten, der Übermacht konnte sie nicht standhalten. So fiel Heiligenstadt in die Hand der Ritter.
Als sich die Geschichte in der Gegend herumsprach, sparten die Nachbarn nicht mit Schadenfreude, Hohn und Spott. Ab sofort trugen die Heiligenstädter den Spitznamen „Möhrenkönige."

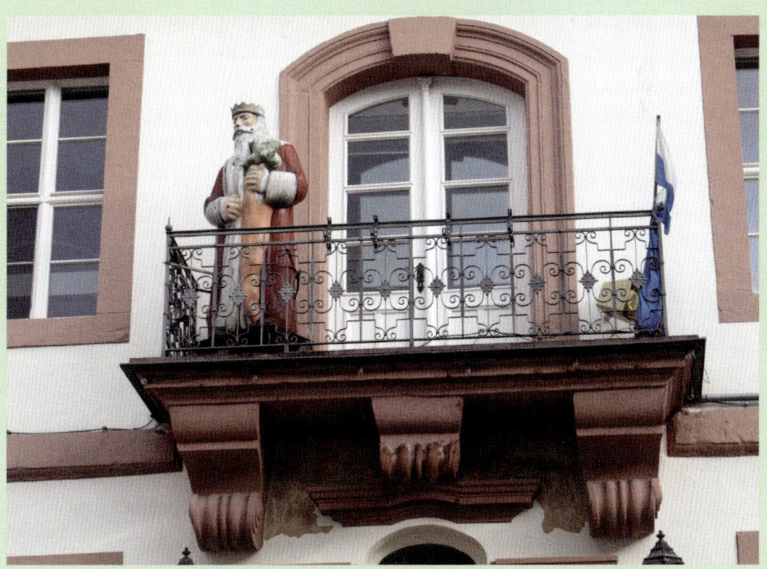

Der Möhrenkönig auf dem Balkon des Rathauses in Heiligenstadt

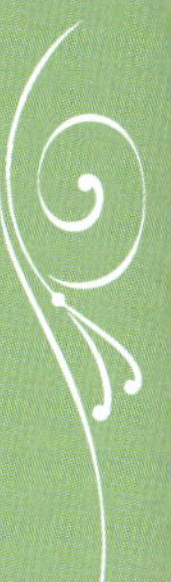

Tour 7

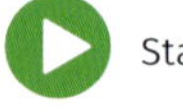 Startpunkt

 Zielpunkt

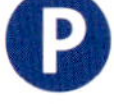 Parkplatz

 Gastronomie

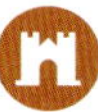 Sehenswürdigkeit

 Kulturstätte

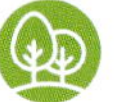 Naturerlebnis

 Freizeitspaß

 Aussichtspunkt

 Zwischenziel

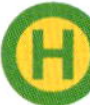 Haltestelle

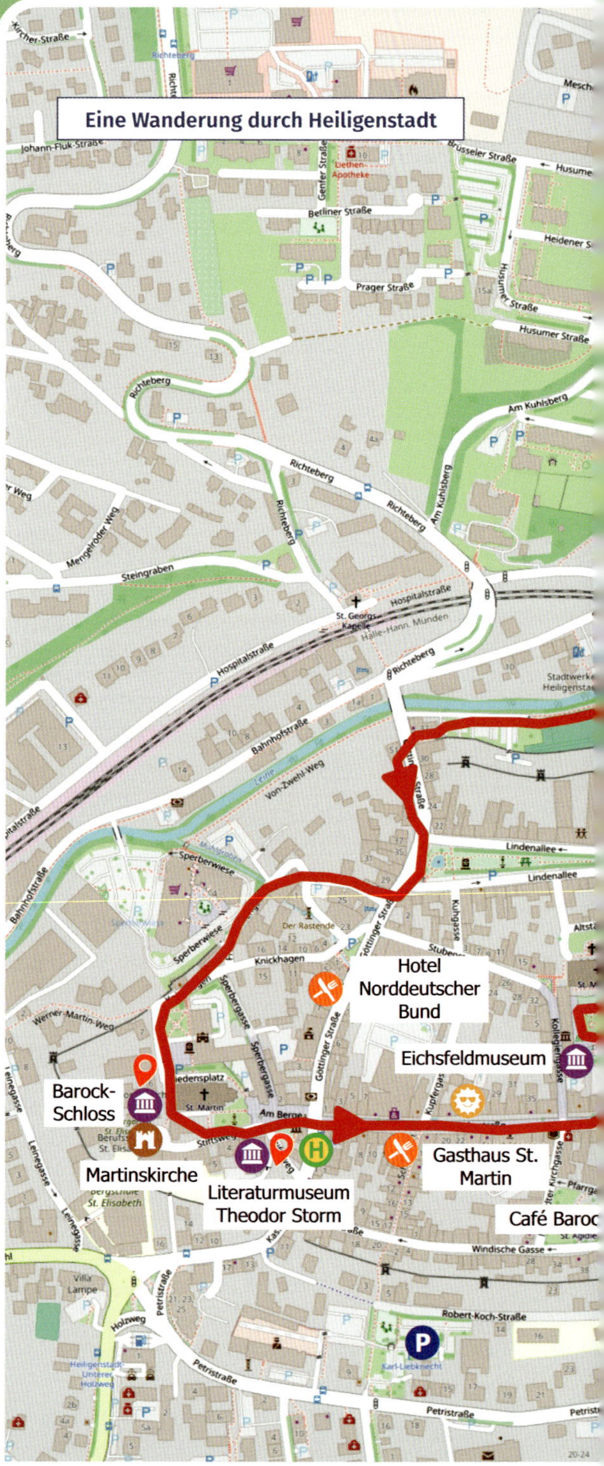

Eine Wanderung durch Heiligenstadt

Hotel Norddeutscher Bund

Eichsfeldmuseum

Barock-Schloss

Martinskirche

Literaturmuseum Theodor Storm

Gasthaus St. Martin

Café Baroc

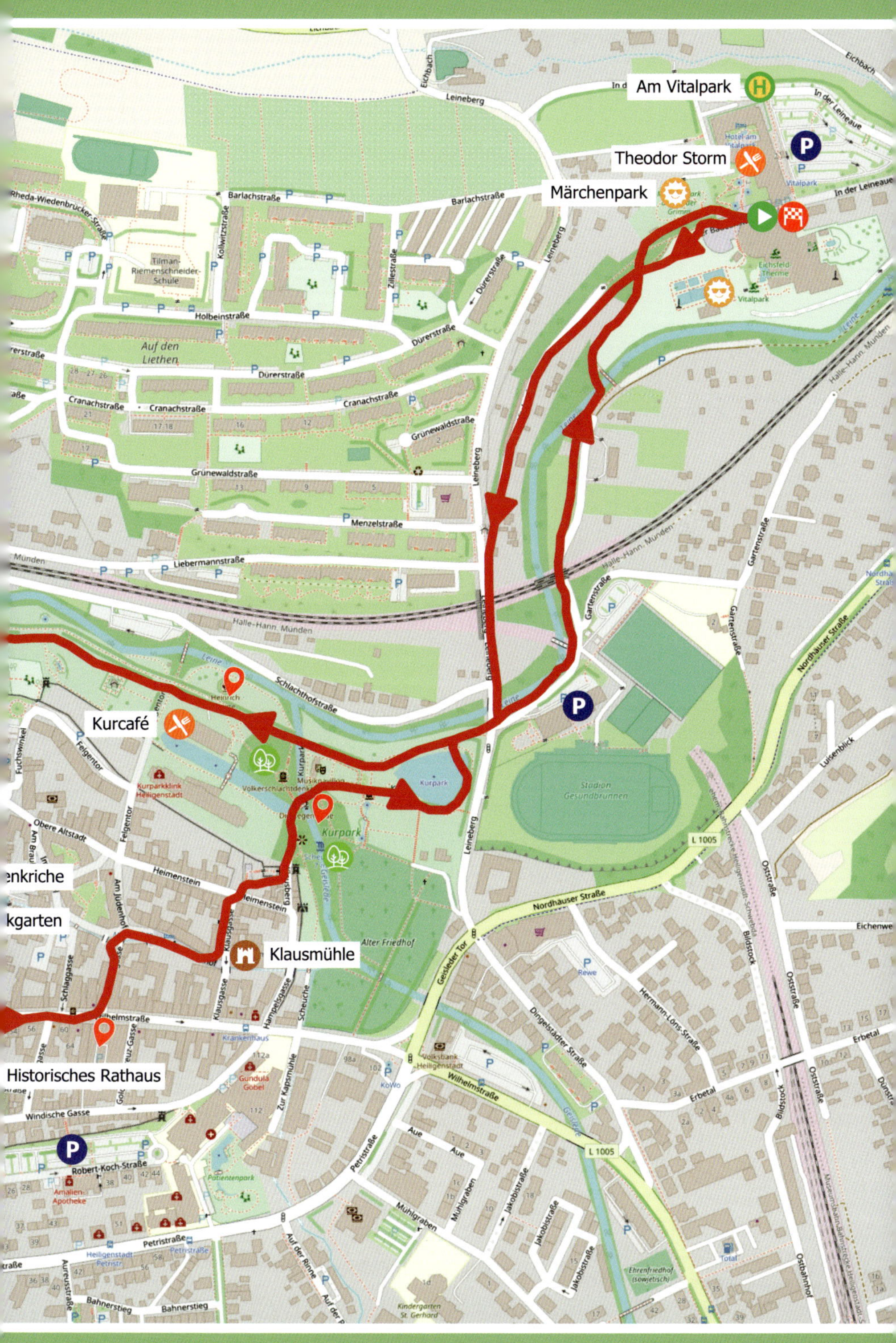

Am Vitalpark
Theodor Storm
Märchenpark
Kurcafé
Klausmühle
Historisches Rathaus

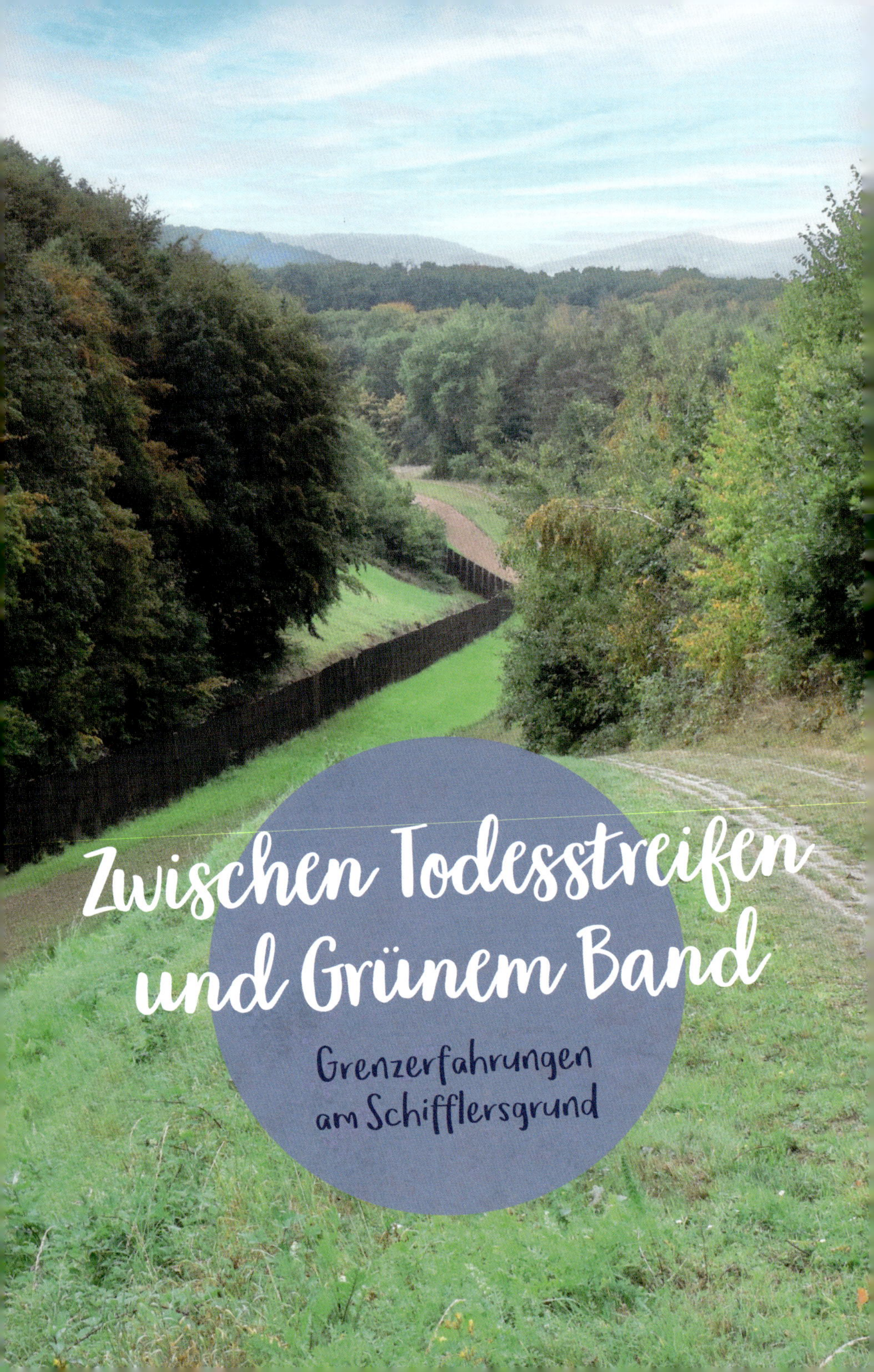
Zwischen Todesstreifen und Grünem Band
Grenzerfahrungen am Schifflersgrund

Nicht nur in alte Zeiten und zu sagenhaften Legenden, sondern in die jüngere Geschichte führt der Grenzwanderweg Schifflersgrund. Wir bewegen uns direkt an der früheren innerdeutschen Grenze, wechseln zwischen den Bundesländern Thüringen und Hessen, und befinden uns auf dem Nationalen Naturmonument Grünes Band. Im Grenzmuseum Schifflersgrund direkt am Start könnte man sich stundenlang aufhalten, genau wie in der Natur an der ehemaligen Grenze. Das Grüne Band ist ein einzigartiger Naturraum.

Tour 8

3:00 Std.

10,8 km

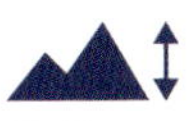

231 Meter

Start/Ziel: Grenzmuseum Schifflersgrund, Platz der Wiedervereinigung 1, 37318 Asbach-Sickenberg
Wegbeschaffenheit: wenig Asphalt, naturnahe Wege, teils auf dem ehemaligen Kolonnenweg der Grenzanlagen
Parken: am Grenzmuseum Schifflersgrund, dort gibts auch Parkmöglichkeiten für Wohnmobile
Anreise mit ÖPNV: Bushaltestelle Sickenberg, nächste Bahnhöfe sind Arenshausen und Bad Sooden-Allendorf

Wegbeschreibung: Los geht es am Grenzmuseum Schifflersgrund zwischen Asbach-Sickenberg im thüringischen Eichsfeld und der hessischen Kurstadt Bad Sooden-Allendorf. Über weite Strecken verläuft die Wanderung über den ehemaligen Kolonnenweg, den Plattenweg, auf dem früher die DDR-Grenztruppen entlang des Eisernen Vorhangs patrouillierten. Uns führt das Wanderzeichen mit einem weißen T im gestrichelten Kreis auf grünem Punkt.

Am Weg

Grenzmuseum Schifflersgrund

Das Museum wurde direkt 1990 gegründet und ist das erste überhaupt entlang der innerdeutschen Grenze. Einige Interessierte aus Bad Sooden-Allendorf bewiesen damals Weitsicht mit ihrem Ansinnen, dass nicht alle Spuren der innerdeutschen Grenze abgebaut werden sollten. Sie sicherten Grenzbaracken und einen Teil des alten Zaunes und bauten nach und nach das Museum auf. Zu sehen sind zahlreiche Technikobjekte von Grenzfahrzeugen der DDR-Grenztruppen und des Bundesgrenzschutzes, aber auch martialisch aussehende russische Hubschrauber. Die Ausstellung selbst beschäftigt sich vorrangig mit Zeitzeugenerinnerungen, persönlichen Schicksalen und Dokumenten.
https://www.grenzmuseum.de

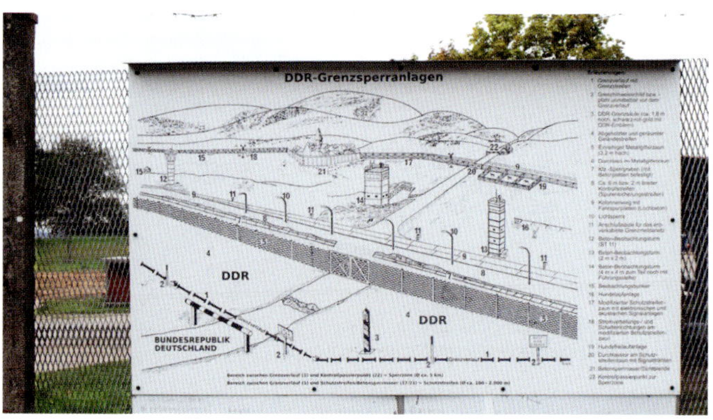

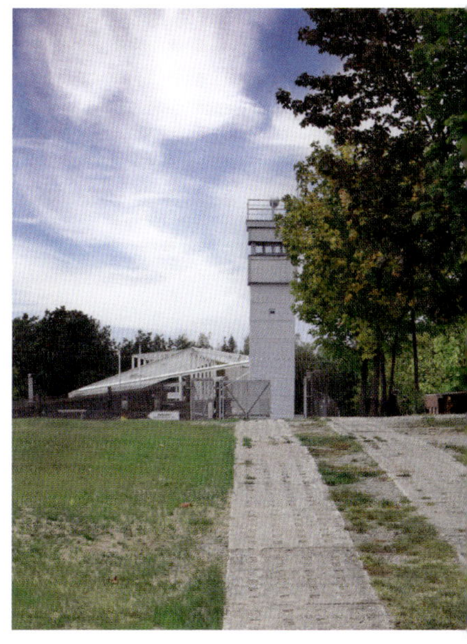
Der originale Grenzturm des Museums

Bereits am Grenzmuseum betreten wir den Kolonnenweg und wenden uns ins Eichsfeld Richtung Sickenberg. Nach etwa 400 Metern treffen wir auf die erste Hinweistafel zur Grenze und Region. Nach weiteren 400 Metern stoßen wir auf die Straße, die sich von Dietzenrode in Serpentinen hinauf nach Sickenberg zieht. Die müssen wir nicht bewältigen, da wir schon oben auf dem Plateau sind. Im idyllischen Dörfchen mit Fachwerkbauten, das wir nach einem Kilometer erreichen, treffen wir auf das zweite von insgesamt zehn Infopulten. Wir folgen einer kleinen Dorfstraße leicht bergauf in Richtung Friedhof, wenden uns scharf links zum Fuß des Lindenberges. Dort geht es nach rechts und dann auf dem Waldweg unter schattigem Mischwald etwa 1,5 Kilometer immer parallel zur Straße nach Asbach. Der Anstieg ist sanft und lang gezogen, also nicht besonders anstrengend. Der Weg schlängelt sich teils auf schmalen Pfaden um die Bäume. Hier sollte man auch ab und an in den Wald horchen oder sehen. Weite Teile sind als Flora-Fauna-Habitat-Gebiete geschützt, bilden Rückzugsorte für seltene Fledermausarten und Wildkatzen.

Knapp zwei Kilometer lang folgen wir dem Weg. Am Parkplatz oberhalb von Asbach, von wo sich ein Ausblick ins Tal hinab bietet, geht es nach rechts den Feldweg hinunter ins Dorf. Nur etwa 300 Meter sind es bis zur evangelischen Versöhnungskirche. Ihr Bau wurde im Jahr 1779 begonnen, direkt nachdem ein Vorgängerbau abgerissen wurde. Ein Eckstein verweist auf das Jahr 1581. Man vermutet, dass es das Baujahr der alten Kirche war. Die beiden Glocken tragen die Jahreszahl 1582. Nach einer umfassenden Sanierung im Jahr 1978 erhielt die Kirche den Namen Versöhnungskirche. Da sollte es aber noch elf Jahre dauern, bis die Grenzen fielen. Auch in Asbach kommen wir an zwei Infopulten vorbei.

Wer Zeit und Kondition hat, kann die Wanderung aber weiter ausdehnen und sich die wenigen Mauerüberreste der Burgruine Altenstein anschauen. Hierzu wendet man sich auf der Dorfstraße gleich nach rechts und folgt ihr bis zur Wendeschleife. Dort geht es aber weiter geradeaus über das Sträßchen „Am Iberg" an der Alten Milchschäferei vorbei, und man hält sich an der Gabelung rechts. Immer weiter geht es Richtung Wald. Beim Eintritt in den Wald läuft man am kleinen Teich vorbei und bleibt links. Jetzt diesem Weg nur noch folgen, und man hat nach etwa 1,5 Kilometern die Burgruine erreicht. Den gleichen Weg geht es auch wieder zurück, um schnell wieder auf dem Grenzwanderweg zu kommen.
Wir haben uns den Abstecher geleistet und sind wieder zurückgekehrt und stehen ein kurzes Stück hinter der Kirche. Nach wenigen Schritten erreichen wir die Dorfstraße von Asbach, biegen rechts und nach 100 Metern gleich wieder links ab. Es geht bergab am Spielplatz vorbei. Noch einmal rechts abgebogen stehen wir wieder auf

Am Weg

Burgruine Altenstein

Nur noch ein paar Restmauern sind von der früheren Burganlage Altenstein übrig. Vermutlich geht sie auf die Thüringer Landgrafen zurück. Erstmals erwähnt wurde sie 1329. Im Jahr 1375 gelangte sie an die Hansteiner, nur vier Jahre später fiel sie an den hessischen Landgrafen Hermann II. Mehrfach wechselte sie die Besitzer, um 1645 herum war sie Gericht und Sitz eines Amtes für die umliegenden Dörfer. Später folgten Umbauarbeiten zu einem Vorwerk, das wiederum längere Zeit als Forsthaus genutzt wurde. Bis 1945 gehörte sie schließlich zum hessischen Staatsforst, bis sie im Zuge des Wanfrieder Abkommens ins Eichsfeld fiel. Zunächst diente sie noch als Försterwohnung, wurde dann als Kinderferienlager und als Ferienlager der Deutschen Reichsbahn genutzt. Im Rahmen der Grenzsicherungsmaßnahmen wurde sie 1973 gesprengt. Erst nach dem 9. November 1989 hatte die Bevölkerung wieder Zugang zu den Überresten. Heute führen mehrere Wanderwege zur Ruine.

dem Kolonnenweg mit seinen Gittersteinen unter schattigen Bäumen. Links davon über dem Bachlauf stand einst die Untermühle. Durch das Wanfrieder Abkommen 1945 wurde der Bachlauf ab dieser Stelle zur Grenze zwischen den Besatzungszonen. Somit stand die Mühle zur Hälfte in der sowjetischen und zur anderen Hälfte in der amerikanischen und somit ab 1949 in der DDR und BRD. Das hatte zur Folge, dass die Mühle ab 1952 nicht mehr bewohnt werden durfte und 1960 abgerissen wurde. Ein Infopult informiert dort über diese Geschichte. Angst vor Minen muss in diesem Bereich rund um Asbach-Sickenberg und Schifflersgrund übrigens niemand mehr haben. Der gesamte Abschnitt gilt als gesichert minenfrei.
Wir folgen dem Kolonnenweg etwa 800 Meter auf dem fast ebenen Plateau und betreten einen Feldweg, der uns wieder in Richtung Grenzmuseum führt. Wir haben etwas getan, was früher tödlich gewesen wäre. Nahezu unbemerkt haben wir Hessen betreten. Der Feldweg ist gut begehbar und führt teils durch Streuobstwiesen und alte Kulturlandschaften.
Zweimal müssen wir uns rechts halten, dann ist das Grenzmuseum schon wieder im Blick. Doch jetzt geht es nach links, erneut werden wir von schattigen Bäumen beschützt und entdecken nach und nach mehrere Kunstwerke und Installationen, die an die deutsche Teilung erinnern, sich aber auch Gedanken zum Thema Freiheit machen. „Breaking walls" heißt eins, „Fliegende Träume" ein anderes.
Jetzt schlängelt sich der Weg durch den Wald, bis wir einen Punkt erreichen, von dem sich ein großartiger Ausblick auf die hessische Kurstadt Bad Sooden-Allendorf und die Erhebungen des Werraberglandes bietet. Vorn erkennen wir die wunderbaren Fachwerkhäuser von Allendorf, hinter der Werra sehen wir die Kliniken von Bad Sooden. Mit dem Fernglas sind auch die Saline und der Kurpark gut zu erkennen.
Es geht jetzt stramm bergab und wieder ins Offenland. Der Weg führt etwa 1,1 Kilometer hinab, bis wir kurz Asphalt betreten müssen. Wir sind am niedrigsten Punkt unserer Wanderung, noch in Hessen, und blicken schon zum Werraufer. Hier steht ein Stein mit der Aufschrift „Freiheit, Einheit, Vaterland" zur Mahnung. Nach

nur 300 Metern sind wir wieder in Thüringen, treffen erneut auf den Kolonnenweg, der uns rechter Hand wieder bergauf leitet. Es geht hier wirklich steil hoch. Von 157 Metern auf 265, und das auf nur einem Kilometer Wegstrecke. Unser nächstes Zwischenziel ist der Heierkopf. Das ist schon anstrengend. Etwas aus der Puste erreichen wir den Gipfel, auf dem ein großer Turm steht. Er ist der Nachbau eines alten Grenzturms aus Holz, diente als Filmkulisse für den Film „An der Grenze" mit Corinna Harfouch und Benno Führmann in den Hauptrollen. Wer mag oder noch kann, kann die Leitern hochkraxeln, um noch einmal einen Ausblick in die Landschaft zu erhaschen.

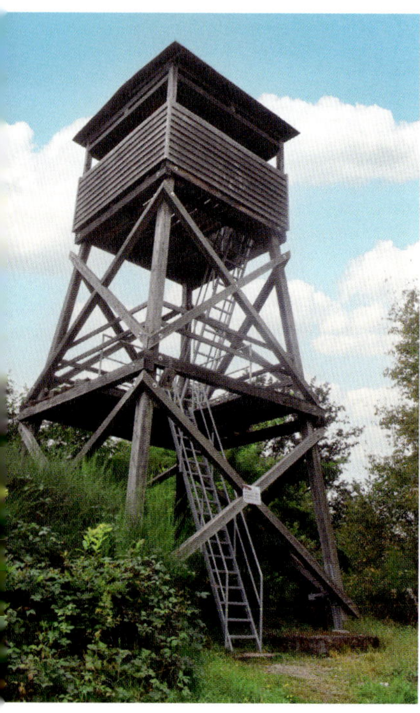

Der Aussichtsturm am Heyerkopf

Der Kolonnenweg geleitet uns weiter Richtung Museum. Nach wenigen Metern treffen wir erneut auf ein Infopult. Auf einer Freifläche liegen zahlreiche bunte kleine Steine. Es ist das „Projekt der 1000 Steine". Wer möchte, darf einen handbemalten Stein dort ablegen. Das Motiv ist freigestellt, viele Menschen wählen ihren Heimatort als Schriftzug. Es ist ein Zeichen, dass nach der Grenzöffnung die Menschen wieder zusammenkommen können und die Freiheit haben, sich grenzenlos zu bewegen.

Auf den letzten 800 Metern zum Ausgangspunkt der Wanderung ist linker Hand ein dunkler Zaun zu sehen. Er ist ein Stück original erhaltener Grenzzaun. Er zieht sich bis zum Museum und ist insgesamt etwa einen Kilometer lang. Kurz darauf kommt ein einfaches Kreuz hinter und über dem Zaun in Sicht. An dieser Stelle wurde am 29. März 1982 ein Eichsfelder bei einem Fluchtversuch erschossen. Heinz-Josef Große überwand mithilfe eines Frontladers den Grenzzaun und hätte den Hügel hinauf nur noch bis zur Straße laufen müssen, um in Sicherheit zu sein. Aber er schaffte es nicht. Die Schüsse trafen ihn in den Rücken. Offiziell hat nie ein Schießbefehl an der Grenze existiert. Trotzdem mussten westdeutsche Zöllner mit ansehen, wie Große nach neun Schüssen aus einer Kalaschnikow an dieser Stelle verblutete. Ihm ist ein Mahnmal gesetzt, der originale Frontlader des Fluchtversuchs befindet sich restauriert im Besitz des Museums. In nachdenklichem Schweigen erreichen wir wieder den Parkplatz des Grenzmuseums.

Tipp

Hof Sickenberg

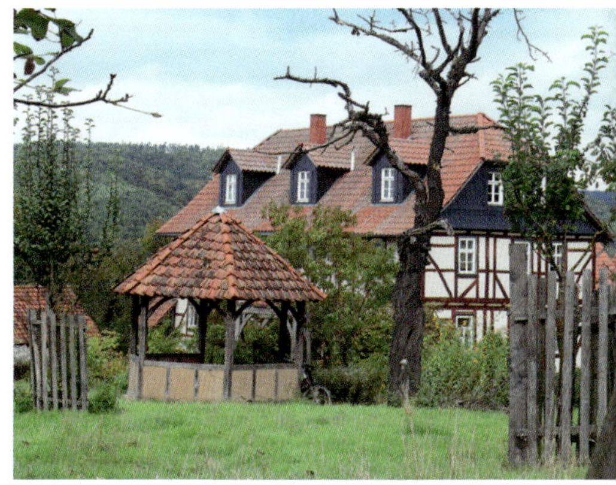

Der Hof Sickenberg ist eine beeindruckende denkmalgeschützte Vierseithof-Anlage in Sickenberg. Das Fachwerkensemble beherbergt ein Hofcafé und eine kleine Pension. Jährlich werden ein Apfeltag und ein Walnusstag veranstaltet, hinzu kommen auch Konzerte. Betrieben wird eine rein ökologische Landwirtschaft, deren Produkte im Café auch auf den Tisch kommen.

Gastronomie:

Asbach-Uralt-Schmiede, Wildspezialitätenrestaurant und Café, Dorfstraße 21, 37318 Asbach-Sickenberg, Telefon 036087/90074, www.asbach-uraltschmiede.de
Hof Sickenberg, Sickenberg 9, 37318 Asbach-Sickenberg, Telefon 036087/97696, www.hof-sickenberg.de

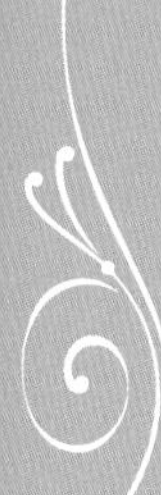

Die Raubritter vom Altenstein

Auf dem Kahlenberg bei Asbach-Sickenburg, oberhalb des Ufers des Alten Hainsbaches, stehen unter Bäumen verbogen die Ruinen der früheren Burg Altenstein. Um das 14. Jahrhundert gingen von hier aus arge Raubzüge in die Umgebung aus.

Die Herren, so erzählt die Sage, waren damals die Brüder Bruno und Hertwig von Weberstätt. Als Hertwig einmal zu einer längeren Reise abwesend war, trieb es Bruno besonders wild. Er entwickelte sich zu einer rechten Landplage, ihm waren das schändliche Treiben und die Überfälle auf schwerbeladene Wagen einfach nicht abzugewöhnen. Ja, Kaufleute wurden auch als Geiseln genommen und hohe Summen von den Angehörigen erpresst. Gab es kein Lösegeld, verschmachteten die Gefangenen elendig in den tiefen, dunklen Burgverliesen.

Eines Tages nahm Bruno die Tochter eines Göttinger Kaufmanns gefangen. Sie war so schön, dass er sie nicht ins Verlies steckte, sondern sie sich frei innerhalb der Burgmauern bewegen durfte. Auch nicht das höchste Lösegeld hätte gereicht, um sie wieder freizukaufen. Bruno hatte sich verliebt.

Das Mädchen aber erwiderte die zarten Gefühle nicht, sondern sann Tag und Nacht nach Möglichkeiten zur Flucht. Sie hatte bereits den ganzen Winter hier zugebracht, nun kam der Mai des Jahres 1346, wie die Legende erzählt. Bruno kam von einem Raubzug früher als erwartet wieder, denn er war bei einem Scharmützel mit Bewaffneten schwer verletzt worden. Die Wunden heilten aber nicht, sondern entzündeten sich immer schlimmer.

Im Kopf des Mädchens reifte ein Plan. Sie bot ihre Hilfe an, dafür müsste sie aber in den Wald, um bestimmte Kräuter zu sammeln. In seiner Not gestattete der Raubritter das. Um ihn in Sicherheit zu wiegen, kehrte sie auch bald zurück, legte die Kräuter auf. Nach einiger Zeit wollte sie neue im Wald holen. Natürlich ließ Bruno sie gehen, sein Misstrauen war geschwunden. Als das Mädchen aber außer Sichtweite war, lief sie erst nach Vatterode, dann nach Wüstheuterode, wo ein Fuhrwerk sie bis ins Leinetal mitnahm. Bald war sie auf dem Rusteberg, wo sie dem Amtmann ihr Schicksal schilderte. Das Mädchen konnte genau die Befestigungsanlagen und die Schwachstellen beschreiben, über die Stärke der Wachmannschaft und auch über Brunos Verwundung berichten. Die Gelegenheit, den Altensteinern endlich das Handwerk zu legen, war gekommen.

Unbemerkt drangen die Rusteberger in das Gemäuer ein, überwältigten die Burgbesatzung. Die geraubten Schätze nahm man mit. Die Altensteiner kamen nur mit dem Leben davon, weil sie ihrem schändlichen Treiben ein für allemal abschworen. Das Mädchen kehrte wohlbehalten zu ihrer Familie zurück.

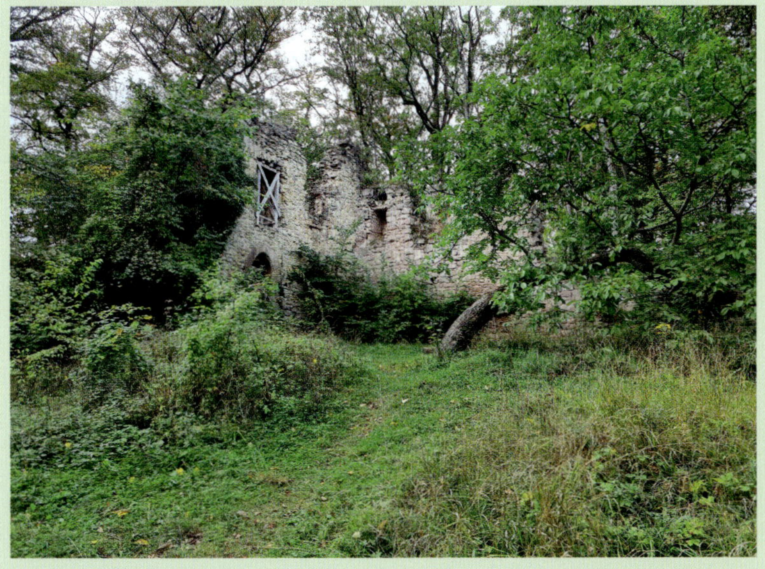

Tour 8

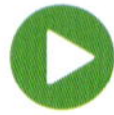 Startpunkt

 Zielpunkt

 Parkplatz

 Gastronomie

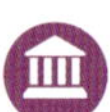 Kulturstätte

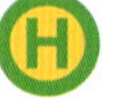 Haltestelle

 familienfreundlich

 Aussichtspunkt

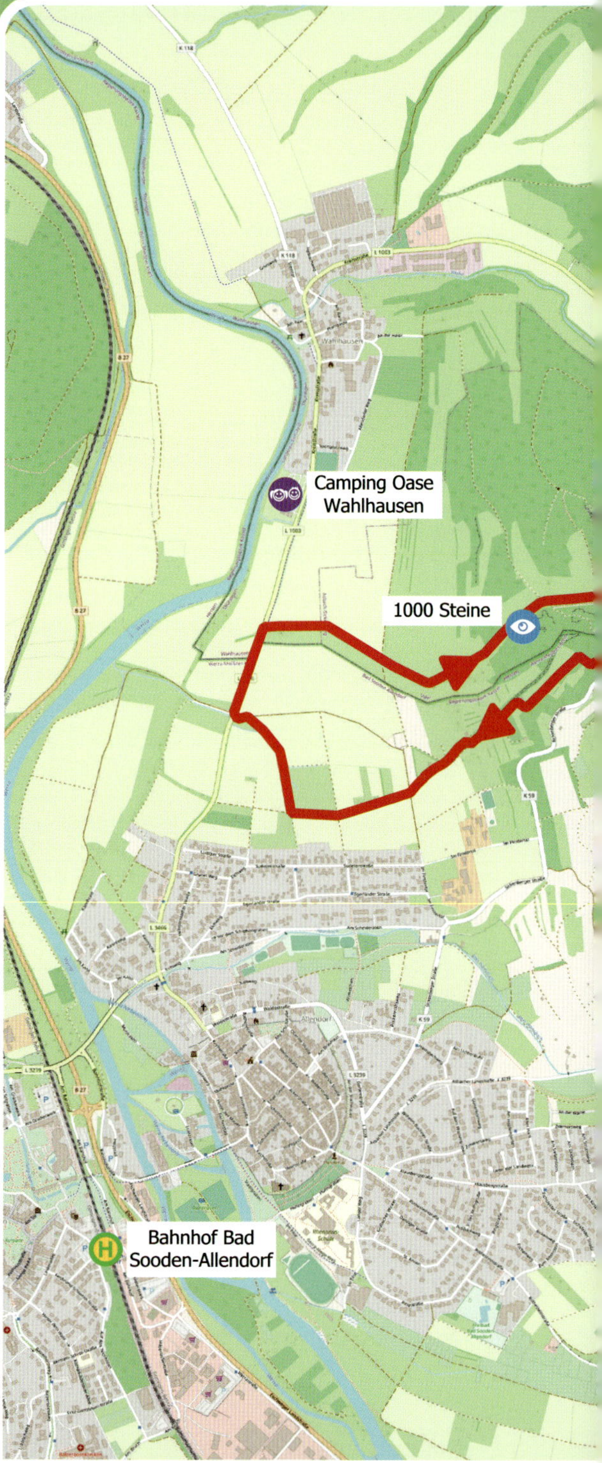

Camping Oase Wahlhausen

1000 Steine

Bahnhof Bad Sooden-Allendorf

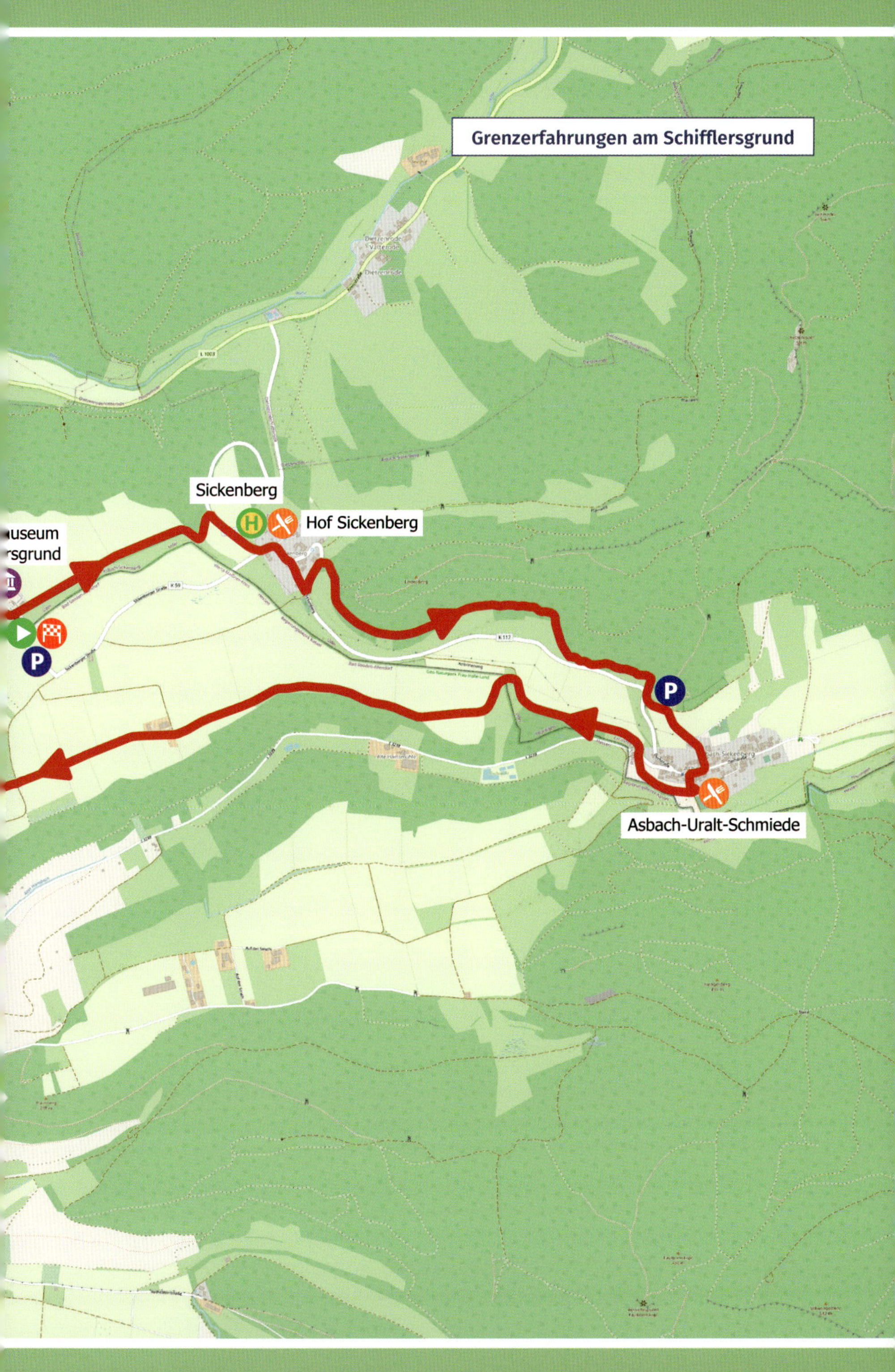
Grenzerfahrungen am Schifflersgrund
Sickenberg
Hof Sickenberg
useum
rsgrund
Asbach-Uralt-Schmiede

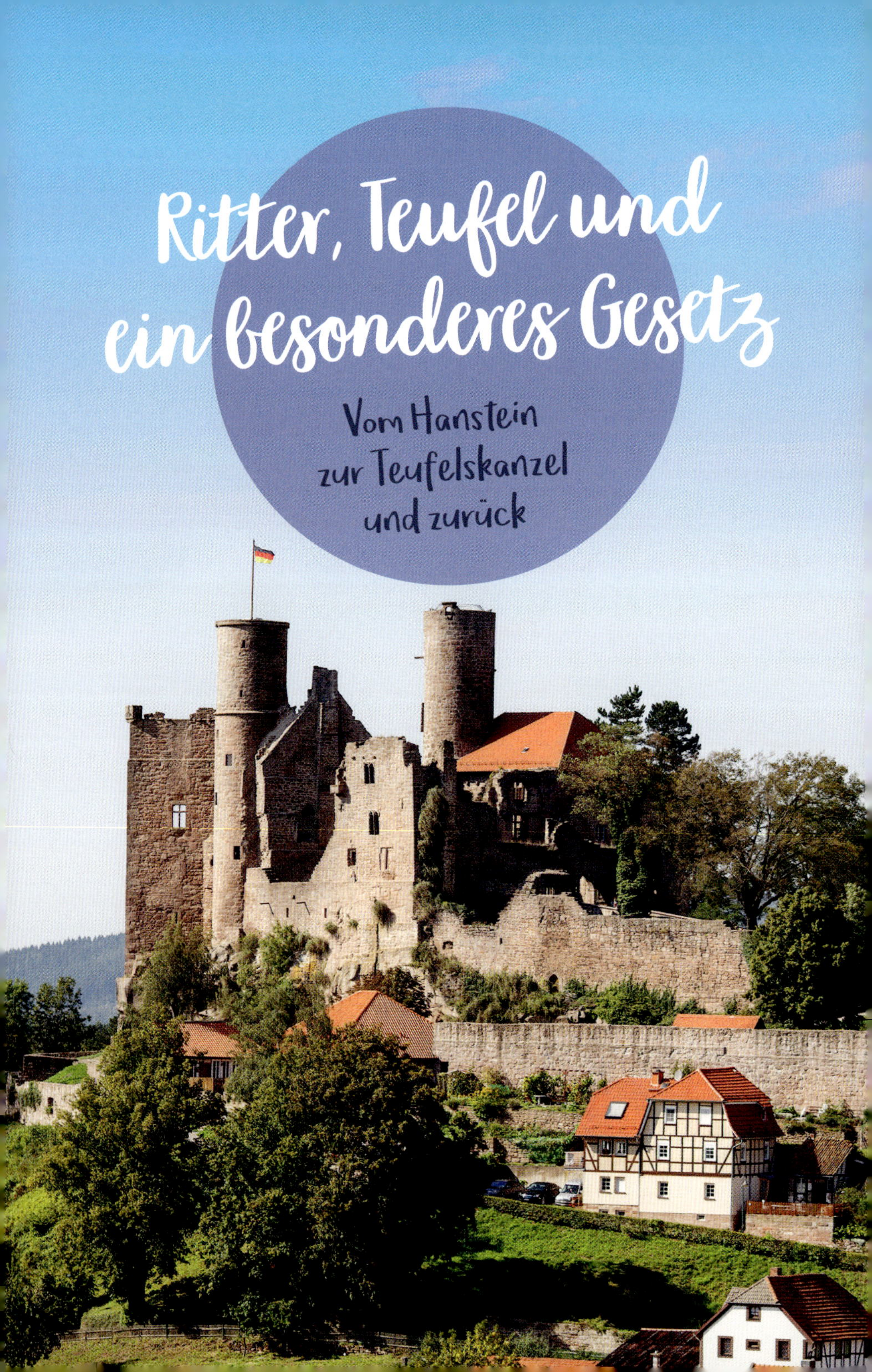
Ritter, Teufel und ein besonderes Gesetz
Vom Hanstein zur Teufelskanzel und zurück

Eine der schönsten Gegenden des Eichsfeldes ist der Westen. Direkt an der Landesgrenze zu Hessen ziehen sich sanfte Hügel mit rauschenden Wäldern Richtung Süden und eröffnen atemberaubende Blicke ins Eichsfeld und ins Werrabergland. Dort steht auch die Burg Hanstein. Sie gilt als die schönste und größte Burgruine in Mitteldeutschland mit einer langen und wechselhaften Geschichte. Die Ersterwähnung datiert auf das Jahr 1070, sie muss aber älter sein. Sie ist sozusagen der Startpunkt für eine wahre Traumtour – die acht Kilometer lange Rundwanderung über Teufelskanzel, Junkerkuppe und den Hansteiner Burgfrieden.

Tour 9

2:30 Std.

8 km

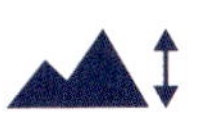
255 Meter

Start/Ziel: Burg Hanstein, Hansteinstraße 2, 37318 Bornhagen
Wegbeschaffenheit: gut befestigte, teils naturnahe Wege, längere Strecke über den alten Kolonnenweg, wenig Asphalt
Parken: Parkplatz Zweiburgenblick bei Burg Hanstein oder Parkplatz nahe des Klausenhofs in Bornhagen
Anreise mit ÖPNV: Bushaltestelle in Bornhagen. Eine Busanbindung ist zum Beispiel ab der Eichsfelder Kreisstadt Heiligenstadt per Rufbus möglich.

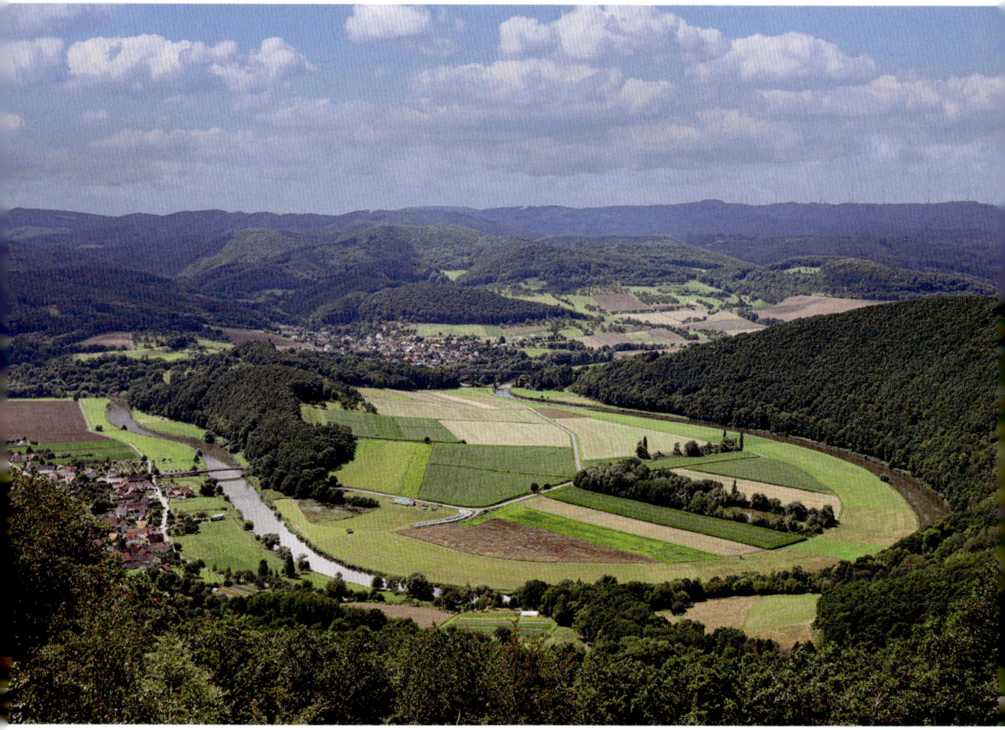

Blick von der Teufelskanzel auf die Werraschleife

Wegbeschreibung: Wir starten am Parkplatz Zweiburgenblick im Ortsteil Rimbach des Dorfes Bornhagen. Früher lag es im Sperrgebiet der DDR entlang der damaligen innerdeutschen Grenze. Kaum aus dem Auto ausgestiegen, bietet sich der erste großartige Anblick auf die Burgruine und darunter die markanten Zwillingstürme der Rimbacher Marienkirche. Wer genau hinschaut, kann auf hessischer Seite sogar die Burg Ludwigstein entdecken. Einst waren die Ludwigsteiner und die Hansteiner erbitterte Feinde.

Mit dem Rücken zur Burg geht es an mehreren Infotafeln und einer Waldschenke vorbei auf einen ersten leichten Anstieg auf Schotter. Immer wieder drehen sich die Leute um, um noch einmal auf den

Am Weg

Burg Hanstein

Die mittelalterliche Burganlage war Sitz der Familie von Hanstein. Nachdem die Burg im 15. Jahrhundert nach schweren Kämpfen aufgegeben wurde, bauten die Hansteiner Rittersitze in vielen Dörfern der Umgebung, die allerdings fast alle der Bodenreform nach 1945 zum Opfer fielen, teils abgerissen oder gesprengt wurden. Auf der Burgruine gibt es eine große Aussichtsterrasse mit dem Kunigundenfenster, den unteren und den oberen Rittersaal, der von der Familie von Hanstein um 1840 neu aufgebaut wurde, um als Ort für Familientreffen zu dienen. Von den zwei Türmen ist derzeit nur der Nordturm begehbar. Eine enge Wendeltreppe führt hinauf, die letzten paar Stufen müssen über eine Holzleiter erklommen werden. Die Blicke von dort sind atemberaubend. Im Keller der Burg befindet sich ein Verlies mit Folterwerkzeug. Auf dem Burggelände findet immer am ersten Wochenende im August das mittelalterliche Burgfest mit Ritterturnieren, Schaukämpfen, Gaukeley und Spielleuten statt. Auch wird das Gelände für Weihnachts-und, Frühlingsmärkte, Konzerte sowie mitunter als Sommerkino genutzt. Auf Wunsch kann auf der Burg auch geheiratet werden.
www.burgruine-hanstein.de

Hanstein zu blicken. Keine Angst, davon kommt später noch viel mehr. Wir richten uns nach dem weißen, von einer gestrichelten Linie umrundeten T auf einem grünen Kreis. Das Wanderzeichen steht für Wanderweg Hanstein-Teufelskanzel.
An der ersten Gabelung halten wir uns links und tauchen nach rund 250 Metern in den Wald ein. Dichtes Laubwerk spendet Schatten. Der Mischwald wirkt auf den ersten Blick recht gesund, doch auch hier haben Borkenkäfer und Trockenheit der vergangenen Jahre ihre Spuren hinterlassen. Der recht breite Weg führt nun in sanften Kurven eineinhalb Kilometer durch den Wald. Aber die Steigung merkt man schon. Nach etwa 600 Metern haben wir fast 70 Höhenmeter überwunden. Fast zwei Kilometer folgen wir dem Weg, der

uns recht eben, mal etwas hoch, dann wieder etwas runter führt. An der nächsten Weggabelung geht es nach rechts wieder auf einen kleinen Anstieg. Wer Zeit und Lust hat, kann hier drei Kilometer zusätzlichen Weg, einen Abstieg und die gleiche Strecke wieder hinauf in Kauf nehmen, um einen Abstecher ins Tal nach Rothenbach bei Gerbershausen zu einer „teuflischen Bronzefigur" zu unternehmen.

Am Weg

Der Teufel von Gerbershausen

Am Wanderparkplatz ist eine menschengroße, erschreckend schaurig-schöne Bronzefigur zu bewundern: Einen frechen Teufel, der die Hand weit ausstreckt und höhnisch grinst. Es lohnt sich ein genauerer Blick auf den impertinenten Burschen, denn in seinem Fell krabbeln kleine Käfer, auch ein Mäuschen lugt hervor. Der lebensgroße Teufel ist das Gegenstück zum Teufel auf dem Hexentanzplatz im Harz und wurde vom gleichen Künstler – Jochen Müller aus Quedlinburg – im gleichen Stil geschaffen. Die beiden Figuren verbinden Teufelskanzel und Brocken miteinander, die bereits durch eine der bekanntesten Eichsfelder Sagen vernetzt sind. Nahe dem Teufel in Richtung des Weilers Rothenbach steht das Hansteiner Erbbegräbnis.

Doch zurück zur Weggabelung und dem Anstieg hinauf zur Teufelskanzel. Sie ist das erste Zwischenziel. Genau 200 Meter ist es noch entfernt, man muss nur an der zweiten Weggabelung wieder nach rechts gehen. Schon schaut das wie ein Blockhaus anmutende Wirtshaus zur Teufelskanzel zwischen den Bäumen hervor. An ihm vorbei ist schon der große Sandsteinfelsen zu erahnen. Die sagenumwobene Teufelskanzel ist erreicht. Etwas Gelenkigkeit oder eine helfende Hand ist vonnöten, um sie zu erklimmen, auch ein Geländer hilft dabei. Oben angekommen verschlägt der Ausblick den Atem: Der Blick fällt weit ins Werratal. Und die Werra selbst schlägt hier einen Bogen in einer perfekten Hufeisenform. Links am Ufer

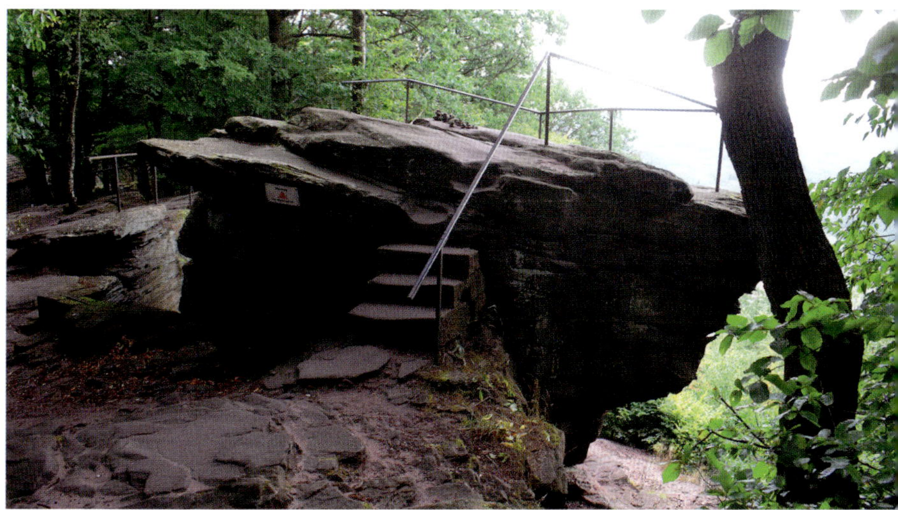

Der mächtige Felsen trägt den Namen Teufelskanzel.

uns zu Füßen liegt das idyllische Lindewerra, ein kleines beschauliches, aber wunderhübsches Dörfchen, das ebenfalls eine reiche Geschichte besitzt.

Wer jetzt schon eine Pause benötigt, kann sich im 450 Meter hoch gelegenen Wirtshaus erst einmal stärken, auch einen Biergarten gibt es. Echte Naturliebhaber werden aber zusätzlich schon einmal einen Schritt in den nächsten Abschnitt der Wanderung wagen, denn hier beginnt der sogenannte „Zauberwald". Knorrige Eichen strecken ihre gebogenen Äste nach allen Seiten wie Korkenzieher aus, knubbelige Wurzeln mahnen zur Vorsicht. Ist es bei gutem Wetter schon ein toller Anblick, wird es aber richtig mystisch, wenn Nebelschwaden um die Stämme ziehen.

Die Teufelskanzel ist der Wendepunkt der Wanderung, es geht wieder Richtung Nordwest. Jetzt betreten wir den Zauberwald. Kaum 250 Meter weiter gibt es noch einmal vom Höheberg eine schöne Aussicht ins Werrabergland. Nach weiteren 1,5 Kilometern sind wir auf der Junkerkuppe angekommen. Noch immer bewegen wir uns unter dem Blätterdach auf naturbelassenen Pfaden. Inzwischen sind wir auf 511 Metern über dem Meeresspiegel und am höchsten Punkt

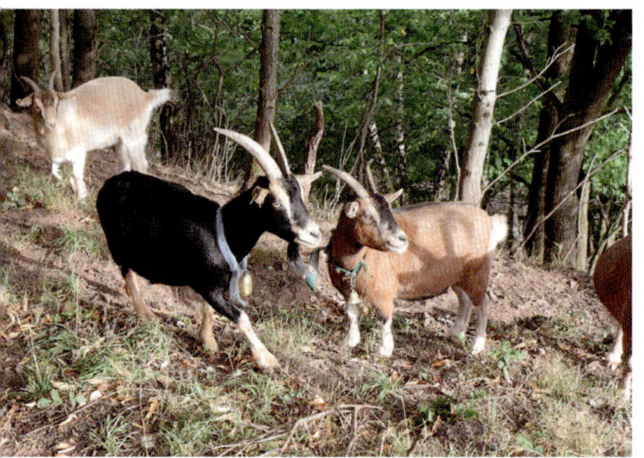

Ziegen am Grünen Band

unserer heutigen Wanderung. Unser Weg folgt oben auf dem Berg genau dem Verlauf des Werrahufeisens. Noch 700 Metern halten wir uns geradeaus und lassen den Weg rechts erst einmal liegen.

Inzwischen steht ein Aussichtsturm an dem Punkt, zwar ist der Blick auf Lindewerra schon von unten atemberaubend genug, doch vom Turm oben wird es noch gigantischer. Wenn man im Sommer dort weilt, sind mit etwas Glück leise Glocken zu vernehmen. Der Klang kommt aber nicht unten vom Dorf Lindewerra, sondern vom Hang unter uns. Hört man sie, so sind kleine neugierige Ziegen unterwegs. Naturnahe Beweidung ist hier das Schlagwort. Denn wir sind nicht nur auf der alten Grenzlinie unterwegs, sondern auf dem Grünen Band, dem einzigartigen Biotopverbund auf dem Verlauf der alten Grenze. Inzwischen ist es nicht nur in Thüringen, sondern auch in Hessen Nationales Naturmonument und auf dem besten Weg, Unesco-Weltnaturerbe zu werden. Und nicht erschrecken, wenn einem im weiteren Verlauf des Weges ein Galloway-Rind ins Gesicht schnauft. Auch sie sorgen für eine naturnahe Beweidung, um seltenen Pflanzen das Wachsen zu ermöglichen.

Jetzt müssen wir uns entscheiden, wie wir weitergehen. Denn zwischen dem Gras blicken Betonplatten hervor. Wir stehen auf dem ehemaligen Kolonnenweg, den die DDR-Grenztruppen für die Kontrollfahrten benutzten. Oder wir wenden uns vom Aussichtsturm wieder zurück in den Wald und halten uns scharf links, gehen bergauf und recht schnell wieder bergab. Egal wofür man sich entscheidet, nach nur 600 Metern treffen beide Wege wieder aufeinander. Jetzt geht es nur noch auf dem alten Kolonnenweg weiter. Nach zwei Wegbiegungen fällt der Blick wieder auf Burg Hanstein, dieses Mal von einer anderen Perspektive. Trutzig erhebt sie sich auf ihrem Felssporn. Jetzt geht es bergab und ins offene Land. 200 Meter sind es jetzt noch bis zum Friesenweiher, und schon befinden wir uns auf einem besonderen Abschnitt des Wanderweges, dem Hansteiner Burgfrieden.

Mit dem Hansteiner Burgfrieden hat es etwas Besonderes auf sich. Immer wenn viele Menschen auf kleinstem Raum leben, gibt es Reibereien und Diskrepanzen. Und wenn es noch mehr werden, zum Beispiel, wenn es hohen Besuch auf der Burg samt Tross, Soldaten, Knechten und Mägden gab, waren Streitereien vorprogrammiert. Der Hansteiner Burgfrieden war ein Gesetzeswerk, wie man sich auf der Burg zu verhalten hat und welche Strafen es für welches Vergehen gibt. Daran hatten sich alle zu halten, Bewohner wie Gäste. Der Burgfrieden galt aber nicht nur innerhalb der Mauern selbst, sondern innerhalb einer gewissen Bannmeile. Die haben wir inzwischen betreten.

Der Friesenweiher ist ein kleiner, idyllischer, mit Schilf bewachsener Teich. Die Bornhäger und Rimbacher nutzen ihn für Treffen, kleine Feiern oder einfach nur für ein Sonntagspicknick. Die Burg liegt inzwischen hoch über uns, die Häuser von Rimbach schmiegen sich an den Hang.

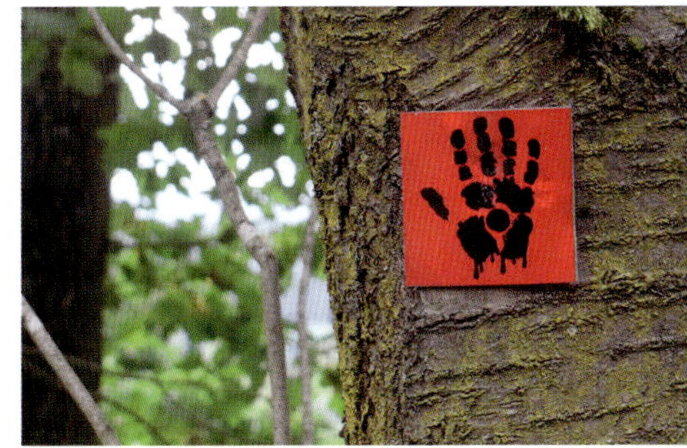

Das Wanderzeichen des Hansteiner Burgfriedens

Noch 300 Meter geht es jetzt auf dem Kolonnenweg bergab. Wir haben mit 309 Metern den tiefsten Punkt unserer Tour erreicht und verlassen den alten Grenzweg an der nächsten Weggabelung und wenden uns nach rechts. Der Weg unter den Bäumen ist nun von weichem Gras bewachsen. Wir folgen der Bannmeile des Hansteiner Burgfriedens. Ein weiteres Wanderzeichen weist den Weg, eine schwarze Hand auf rotem Grund als Zeichen für das mittelalterliche Gesetzeswerk. Immer wieder eröffnen sich linker Hand Ausblicke auf die nächste Anhöhe. Kurz darauf erspähen wir eine Sitzbank.

Von ihr bietet sich ein sagenhafter Blick auf die Burg Ludwigstein in Hessen, die selbst auf einem Hügel thronend vom Werrabergland überragt wird. Sie ist intakt und wird als Jugendbildungsstätte bewirtschaftet.

Jetzt kommt noch eine Wegschleife, wir haben die ersten Häuser von Bornhagen erreicht und stehen wieder vor einer Wahl: Gleich den Anstieg auf dem Bürgersteig entlang der gepflasterten Straße hinauf zum Hanstein zu nehmen oder weiter durch das Dorf in Richtung evangelische Friedenskirche und des mittelalterlichen Gasthauses „Klausenhof" zu gehen. Folgen wir dem Wanderweg, dann ist der Klausenhof unser Ziel. Weit ist er nicht, etwa 400 Meter sind es nur.

Von dort nehmen wir den Anstieg hinauf an der Kirche vorbei entlang der Baumallee. Die Eichsfelder Ritterschaft pflanzt jedes Jahr dort den aktuellen Baum des Jahres. Der Weg trifft nun auf den Beginn eines kurzen Lehrpfades. Doch wir betreten den Bürgersteig der gepflasterten Straße, die zur Burg führt und halten uns links weiter bergauf. Rund 60 Höhenmeter müssen wir noch einmal überwinden, um bis fast zur Burg hinaufzukommen. Aber an der Gabelung geht es für uns nach links wieder zum Ausgangspunkt der Wanderung, dem Parkplatz Zweiburgenblick. Wer noch Kräfte hat, kann sich aber an der Gabelung nach rechts wenden, die etwa 400 Meter zur Burg hinauf nehmen und sie sich ansehen, den unteren und oberen Rittersaal bestaunen oder auf den Nordturm steigen, um von dort Fernblicke von 360 Grad zu genießen.

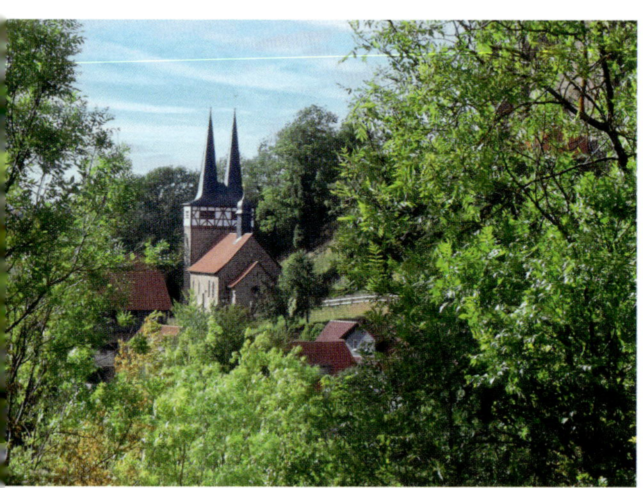

Die Marienkirche zu Rimbach

Am Weg

Klausenhof Bornhagen

Das mittelalterliche Wirtshaus ist nach der Wende wieder im ursprünglichen Stil hergerichtet worden. Bekannt ist es eigentlich schon mehrere Jahrhunderte. Doch zu DDR-Zeiten beherbergte das Gebäude eine Außenstelle des Eichsfelder Bekleidungswerkes. Im Haus befindet sich ein erst vor wenigen Jahren erweiterter Rittersaal, die Gaststube, das Jägerstübchen, die Brunnenstube mit Galerie, das Hochzeitszimmer, das Goethe-Zimmer, eine Kemenate, ein Ritterlager und draußen der Lindengarten. Gegenüber liegt das Wurstmuseum, das ebenfalls zum Klausenhof gehört. Darin wird das Schlachterhandwerk mit historischen Utensilien und Werkzeugen wieder lebendig, auf Bildschirmen werden Filme zum Thema gezeigt. Auch eine Küche gibt es. Im oberen Geschoss befindet sich das Heulager für ganz rustikale Übernachtungen.

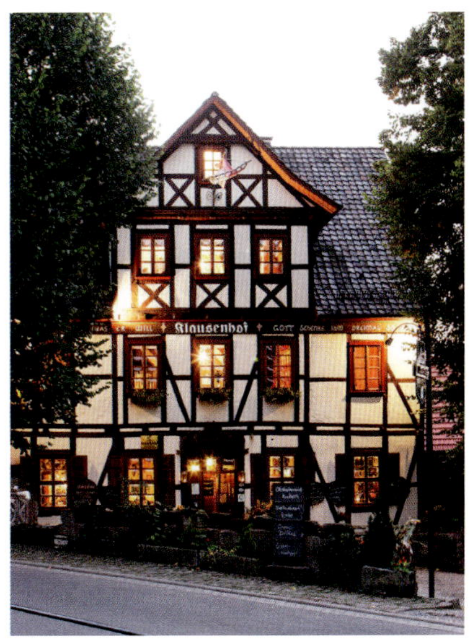

Gastronomie:

Klausenhof, Friedensstraße 28, 37318 Bornhagen, Telefon 036081/61422, www.klausenhof.de

Berghütte und Wirtshaus Teufelskanzel, Rothenbach 142, 37318 Gerbershausen, Telefon 036081/61237, www.teufelskanzel.de

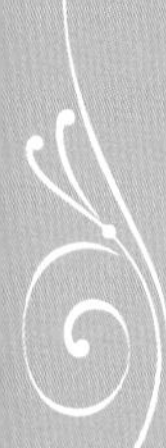

Der Schatz im Hanstein

Die Hansteiner Ritter waren in alten Zeiten in der ganzen Gegend gefürchtet. Raubend und plündernd sollen sie durch das Eichsfeld gezogen sein, häuften Schätze über Schätze an. Damit die nicht gefunden werden, sollen sie sie tief in den Burgverliesen versteckt haben.

Einst, es mag um die 150 Jahre her sein, lebte in Rimbach zu Füßen der Burgruine eine arme Witwe mit ihrem Söhnchen. Gerade einmal zwölf Jahre alt war der Bursche. Doch er war fleißig und verdiente etwas zum Lebensunterhalt dazu, indem er die Schafe eines Bauern im Dorf hütete. Es war an einem schönen Sommernachmittag. Der Junge trieb die Schafe an den Hang der Burg. Da sie nicht weit fortlaufen konnten, legte er sich ins Gras, schaute auf die Ruinen und malte sich aus, wie wohl das Leben der Ritter gewesen sein mochte. Und beim Betrachten der Überreste der Burg wuchs die Neugier immer mehr in ihm. Er überließ das Schafehüten seinem Hund, auf den er sich verlassen konnte, und begann, die alten Gemäuer zu durchstreifen. Irgendwann betrat er einen langen Gang, in den nur noch etwas Tageslicht fiel. Immer dunkler wurde es, er tastete sich vorwärts, bis er auf eine Tür traf. Doch die war verschlossen. Enttäuscht wandte er sich um, um zu seinen Schafen zurückzukehren. Aber der Gang wollte einfach nicht enden. Inzwischen war es völlig dunkel. Trotz aller Mühe konnte der Junge den Ausgang nicht mehr finden. Müde sank er in einen tiefen Schlaf. Als er wieder wach wurde, hörte er die Turmuhr zu Bornhagen schlagen. Beim Mitzählen kam er auf zwölf Schläge. Geisterstunde.

Als der letzte Schlag verklungen war, brach ein lautes Poltern und Getöse los, im Gang wurde es schlagartig taghell. Ein Ritter in voller Rüstung stand vor dem entsetzten Jungen und befahl in barschem Ton: „Folge mir!“ Er aber dachte an die Warnung seiner Mutter, die ihm eingeschärft hatte, mit niemandem mitzugehen, es sei denn, er bestätige, es geschehe in Gottes Namen. „Geschieht es in Gottes Namen?“, fragte deshalb der Jungen tapfer den dunklen Ritter. Dieser bejahte das. Also folgte ihm der Junge in den Gang, der sich auf einmal abwärts neigte. Über

Treppen ging es immer weiter hinab, bis sich ein großer Saal öffnete. Überall an den Wänden standen Kisten und Truhen voller Gold, Silber und Edelsteinen. Der Ritter forderte den Hütejungen auf, sich davon so viel zu nehmen, wie er möchte oder tragen könne. Als er aber zögerte, fuhr ihn der Ritter an: „Nimm doch, in Gottes Namen!"
Da griff der Junge zu, was nur in seine Taschen ging. Der Ritter führte ihn erneut über Wendeltreppen und Gänge, bis sie wieder in dem langen Gang angekommen waren. In dem Moment schlug die Turmuhr von Bornhagen eins. Der Ritter verschwand genauso plötzlich, wie er erschienen war. Wieder versuchte der Junge, den Ausgang zu finden, aber vergeblich. Müde schlief er ein. Als er erwachte, drang Tageslicht zu ihm hinein. Er fand eine Treppe, stieg sie hinab in einen langen Gang und noch eine Treppe hinunter, die ihn in einen Keller führte. Erstaunt erkannte der Junge, dass er sich im Keller des Bauern befand, dessen Schafe er hütete.
Eilig rannte der Junge nach Hause zu seiner Mutter, die schon außer sich vor Sorge war. Er breitete die Schätze aus seinen Taschen vor ihr aus, und ab da hatte die Not ein Ende. Mit seinem Einverständnis verwendete die Mutter einen Teil für die Armen des Dorfes, mit dem anderen kauften sie einen Bauernhof, der im Dorf gerade zu haben war und sicherte damit die Zukunft ihres tapferen und gottesfürchtigen Jungen. Den Gang aber hat seitdem niemand mehr gefunden, auch der Ritter wurde nie wieder gesehen.

Tour 9

 Startpunkt

 Zielpunkt

 Parkplatz

 Gastronomie

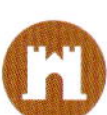 Sehenswürdigkeit

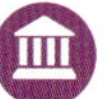 Kulturstätte

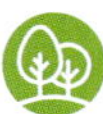 Naturerlebnis

 Aussichtspunkt

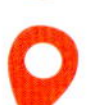 Zwischenziel

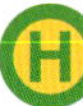 Haltestelle

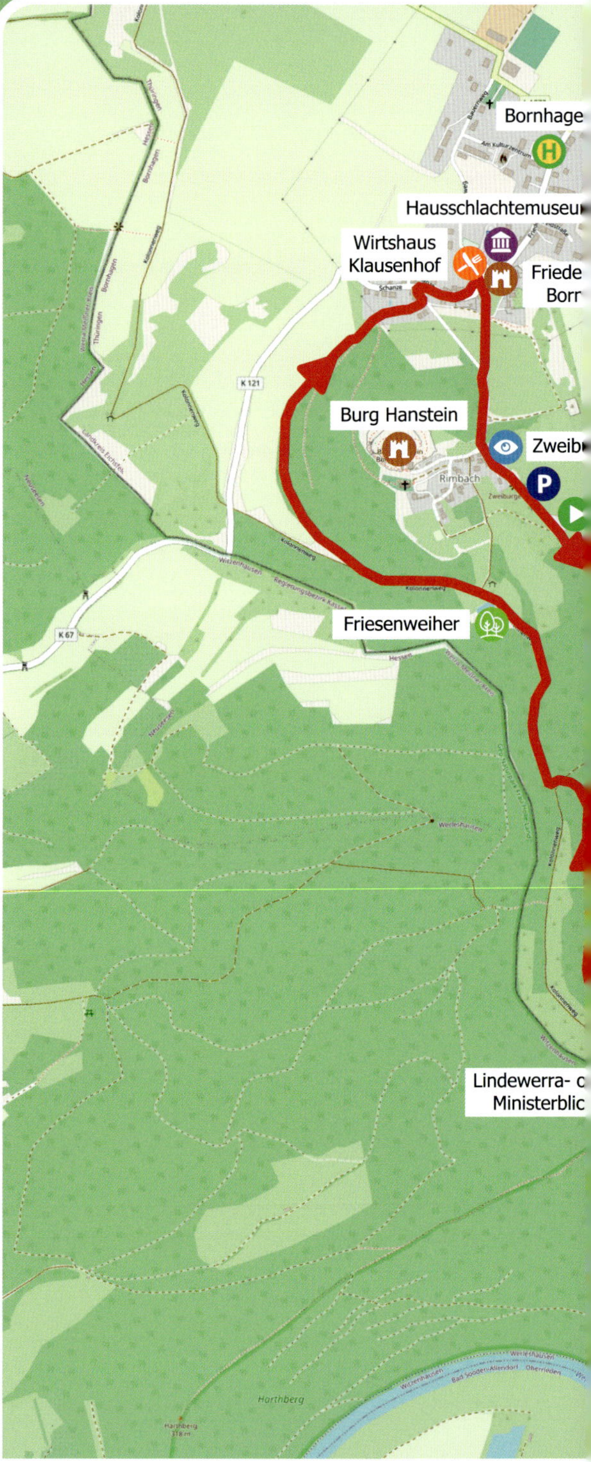

Bornhage
Hausschlachtemuseu
Wirtshaus Klausenhof
Friede
Borr
Burg Hanstein
Zweib
Friesenweiher
Lindewerra- o
Ministerblic

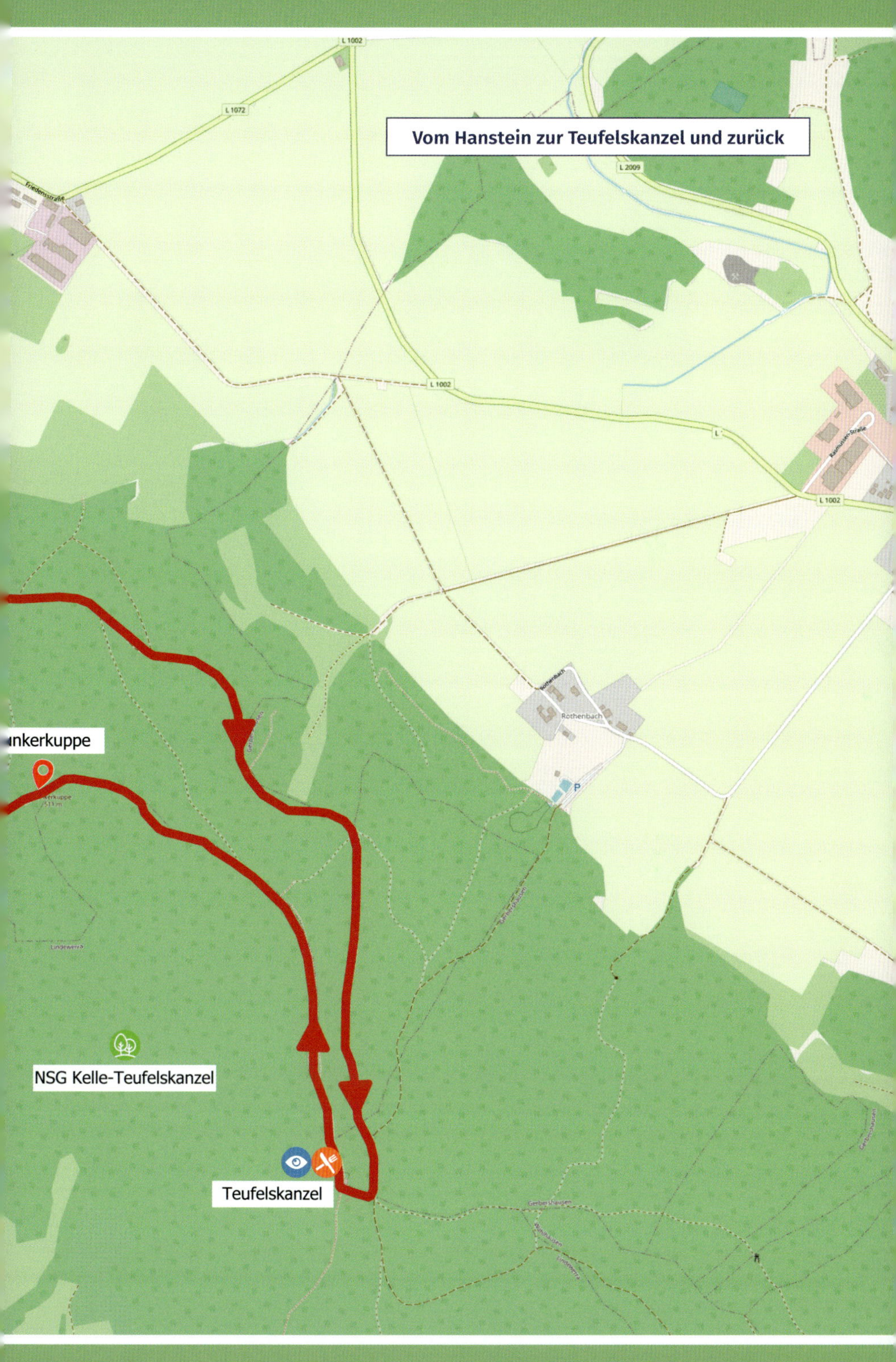

Vom Hanstein zur Teufelskanzel und zurück
L 1002
L 1072
L 2009
Friedensstraße
L 1002
L 1002
Rothenbach
P
nkerkuppe
NSG Kelle-Teufelskanzel
Teufelskanzel

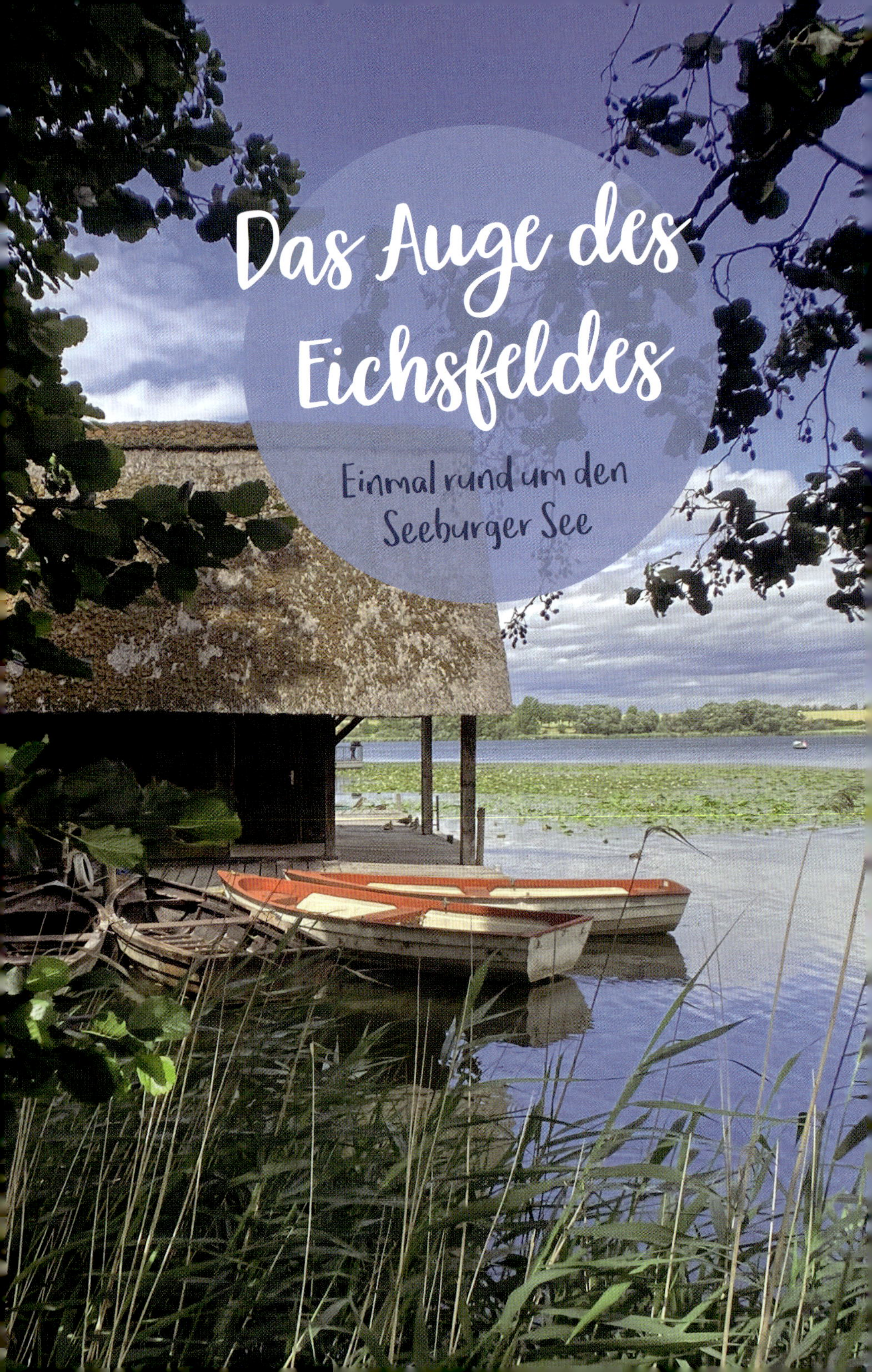
Das Auge des Eichsfeldes
Einmal rund um den Seeburger See

Das Eichsfeld ist reich an sagenhaften Landschaften. Aber etwas fehlt: Seen. Von den beiden relativ großen ist nur einer natürlich entstanden: der Seeburger See. Er liegt im Untereichsfeld, heute im niedersächsischen Teil, nördlich von Duderstadt. Fast kreisrund ist er. Aus der Luft gesehen schaut er wie ein Auge in den Himmel. Darum wird er auch „Das Auge des Eichsfeldes" genannt. Legenden ranken sich um ihn, worin wilde Grafen und eine versunkene Burg eine Rolle spielen. Aber er ist auch ein beliebtes Ausflugsziel mit Naturfreibad und Abenteuerspielplatz und ein Kleinod, was den Naturschutz angeht.

Tour 10

1:30 Std.

5 km

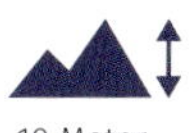
10 Meter

Start/Ziel: Seeburger See am Wanderparkplatz nahe des Restaurants Graf Isang
Wegbeschaffenheit: naturbelassen, befestigt und auch Asphalt
Parken: Wanderparkplatz Seeburger See, Seestraße 37, 37136 Seeburg
Anreise mit ÖPNV: Bushaltestelle Seeburg Schule

Wegbeschreibung: Was wir heute an diesem herbstlichen Nachmittag unternehmen, ist eher ein längerer und entspannter Spaziergang als eine Wanderung, obwohl, wie wir später merken, auch hier festes Schuhwerk angeraten ist. Wir wollen heute den Seeburger See einmal umrunden und beginnen am Wanderparkplatz auf der Westseite des Sees, in der Nähe des Grafen Isang. Der Graf ist in diesem Fall nicht die sagenhafte Gestalt, die so eng mit dem Seeburger See wie keine zweite verbunden ist, sondern der Namensgeber des Restaurants am Seeufer. Das ist beliebt und ein kleines Freizeit-Eldorado. Im Sommer ist das Naturfreibad geöffnet, es gibt einen Bootsverleih, Minigolf und einen kleinen Spielplatz. Ein großer Abenteuerspielplatz mit Piratenschiff und mehr liegt am Wanderparkplatz.

Am Weg

Seeburger See

86,5 Hektar beträgt die Gesamtfläche des Wassers, die reine Uferlinie misst knapp 3,6 Kilometer. Das Alter des Sees wird auf 2500 Jahre geschätzt. Ob sich, wie es in einer Sage heißt, eine Burg am Grund befindet, ist zweifelhaft, denn der See ist meist nicht tiefer als 3,5 Meter. Da würde der Burgturm doch herausschauen. Entstanden ist das Gewässer, so sind sich Geologen einig, weil unter ihm ein Steinsalzlager durch einen Hohlraum einstürzte, also es einen klassischen Erdfall gab. Dafür spreche auch die runde Form. Seit Mitte der 1970er Jahre bereits steht der Seeburger See unter Naturschutz. Im Wasser wurden schon Aale, Hechte, Karpfen, Schleien und Forellen, aber auch Zander, Weißfische und Rotfedern gesichtet. Die Zahl der verschiedenen Vogelarten, die hier beobachtet werden können, wird auf rund 250 geschätzt. Fischadler wurden schon erspäht, aber auch Graureiher, Rohr- oder Gänsesänger. Enten, Haubentaucher und andere Vögel haben in dem Naturschutzgebiet und im dichten Schilfufer ein Refugium gefunden. Im Naturerlebniszentrum beim Isang kann man sich genauer informieren, was hier so alles kreucht und fleucht.

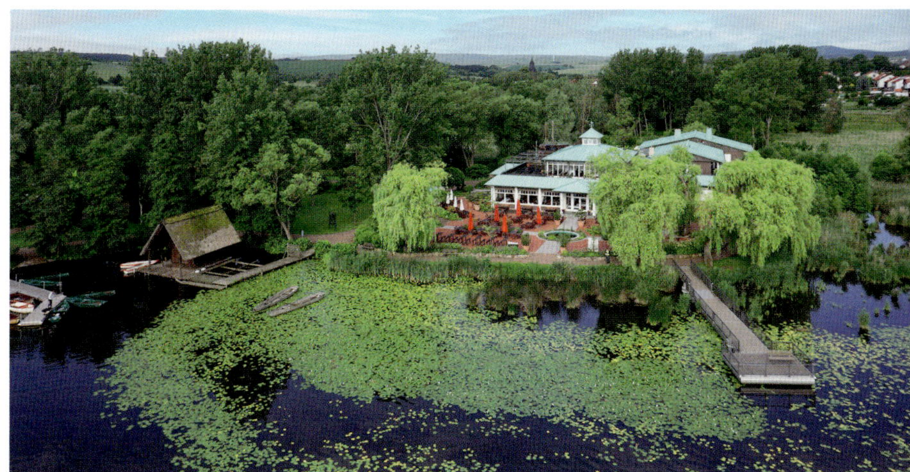

Der Graf Isang mit Bootssteg bei Seeburg

Wir laufen los Richtung Ort und biegen direkt wieder rechts ab und befinden uns schon auf dem Seerundweg. Ab jetzt geht es eigentlich nur geradeaus. Solange wir immer den See zur Linken haben, können wir uns gar nicht verlaufen. Außerdem ist an jeder Gabelung das Wanderzeichen zu sehen. Es ist rot und trägt schwarze Pfeile für beide Richtungen. Ans Seeufer direkt gelangen wir nur an wenigen Stellen, es liegt immer etwas Land zwischen uns und der Wasserfläche. Das sollte man aber tunlichst nicht betreten, sonst sackt man schnell ein. Die Ufer sind recht sumpfig, darum wächst auch das Schilf so gut. Zunächst bewegen wir uns entlang des Südufers. Der Weg ist fast durchgängig befestigt, teils gepflastert, manchmal aber auch naturbelassen und an manchen Stellen mit etwas Schotter versehen. Nach etwa 700 bis 800 Metern sind wir an der Südspitze des Sees angelangt, jetzt macht der Weg einen Bogen nach Norden, um sich gleich wieder nach Nordosten zu schlagen. Genau dort steht eine Sitzbank zum Ausruhen. Davon kommen noch ein paar auf unserer Strecke.
Jetzt geht es das Ostufer entlang. Rechts von uns sind Felder. Wenn man im Sommer gut hinhört, kann man Lerchen trällern und Bienen summen hören. Ab und an gluckst es links, wenn die Wellen des Sees ans Ufer brechen. So glatt die Oberfläche heute auch ist, der See kann

auch anders. Ein Beispiel dafür werden wir nachher in Bernshausen sehen. Bernshausen ist das Dörfchen, das sich direkt an das Ostufer des Sees schmiegt. Es geht in östlicher Richtung nahezu nahtlos in den Wallfahrtsort Germershausen über. Die dortige Wallfahrtskirche „Maria Verkündigung" ist einen Abstecher wert. Auch um sie ranken sich zwei Eichsfelder Sagen.

Wir folgen dem lauschigen Weg immer weiter und erreichen Bernshausen. Wir sehen schon die Kopfweiden, die sich entlang der Aue ziehen. Weiden sind um den ganzen See herum zu finden. Von prächtigen uralten Trauerweiden bis zu den Kopfweiden, die im Herbst und Winter recht skurril aussehen, ist alles vertreten. Jetzt kommen wir an die erste richtige Kreuzung unseres Spaziergangs. Links geht es ins Dorf an Reitställen vorbei, geradeaus führt der Seerundweg. Rechts leitet ein schmaler Weg zum Anleger des Angelsportvereins Bernshausen. Genau an dieser Kreuzung ist ein Naturschauspiel zu sehen. Ein Baum hat sich während seines Wachstums über Jahrzehnte hinweg ein Verkehrsschild einverleibt. Das Sperrschild, so viel ist noch zu erkennen, hat einen Emaille-Rahmen, vermutlich stammt es noch aus den 1950er Jahren. Es ist inzwischen fast im Baum verschwunden, die Rinde schiebt sich immer weiter über das Schild, der Fuß ist bereits „gefressen".

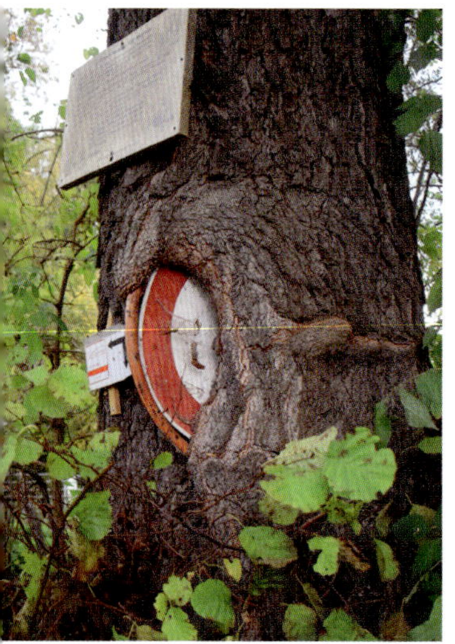

Baum frisst Verkehrsschild

Wir wenden uns kurz nach rechts, um auf dieser Seite zum Seeufer zu kommen. Der schmale Weg ist hier asphaltiert, aber seit langer Zeit nicht mehr ausgebessert worden. Der Asphalt schlägt kleine Buckel und platzt auf. Aber die paar Meter, es sind so um die 1950, können wir damit leben und schauen nach unten, um nicht zu stolpern. Am Seeufer ist eine Sitzbank. Wir genießen die Ruhe dort, schauen auf die Bootsanleger, auf denen es sich unter anderem Haubentaucher und andere Wasservögel gemütlich machen. Die Wellen glucksen und schwappen zu unseren Füßen. Ein Felsen erregt unsere

Aufmerksamkeit. Zwei Striche darauf zeigen an, bis wohin zweimal ein Hochwasser gestanden hat. Der untere Strich datiert auf den 2. Januar 1987, der obere auf den 4. Juni 1981. Da stand das Wasser mehr als kniehoch über den Ufern, in Bernshausen waren die Straßen überflutet und Keller vollgelaufen Die Regenfälle gelten bis heute für die Region als eine Jahrhundertflut.
Wir laufen die wenigen Meter zurück zur Kreuzung und wenden uns nach links. Aber auf der kleinen Brücke über der Aue bleiben wir stehen. Zu romantisch ist der Anblick. Zu den Rückseiten der Grundstücke führen kleine Stege über das Gewässer, das rechte Ufer ist mit Weiden bewachsen. Es sieht fast aus wie ein Miniaturspreewald. Der Weg wird nun naturbelassen. Neugierige Pferde schnauben uns freundlich ins Gesicht und lassen sich streicheln. Auch Enten, Hühner und Gänse leben hier in trauter Eintracht auf den Höfen und lassen ihr Schnattern und Gackern hören.
Der Weg schlängelt sich jetzt unter Bäumen hinweg, hier kann es etwas matschig werden. Wir befinden uns zwischen Dorf und Seeufer und haben die Hälfte des Weges schon geschafft. Kurz vorm Bernshäuser Dorfgemeinschaftshaus halten wir uns wieder links und haben tatsächlich einen kleinen Anstieg vor uns. Insgesamt überwinden wir kaum merklich auf unserer Rundwanderung sage und schreibe zehn Meter Höhenunterschied. Jetzt geht es in einem langen, leichten Anstieg hinauf zur Straße zwischen Bernshausen und Seeburg, die nahezu direkt am Seeufer verläuft. Wir wandern auf dem straßenbegleitenden Rad- und Fußgängerweg weiter entlang des Nordufers. Dank der vielen Umgehungen kommt hier nur ein Auto lang, wenn jemand tatsächlich nach Bernshausen oder Germershausen will. Es ist also relativ ruhig.
Wir nehmen wieder die erste Möglichkeit links und haben jetzt das Westufer des Sees erreicht. Nach etwa 200 Metern – unterwegs durchstreifen wir ein kleines Gehölz – erreichen wir den Gasthof Wellenreiter und damit die ersten Häuser von Seeburg. Aus unserem Wanderweg wird dann nahtlos die Seestraße. Auch hier laufen wir zwischen Dorf und Gewässer. Wir achten jetzt auf die Namen der Straßen, die rechts abgehen. Erst nachdem wir den Seesteig passiert haben, geht es wie-

der nach links. Jetzt ist es nicht mehr weit unter den Bäumen zum Graf Isang, dem bekannten Restaurant. Dort gibt es einen Aussichtssteg mit Plattform, die wir uns natürlich nicht entgehen lassen. Unter uns schwappen die Wellen, die Stockenten lassen sich nicht stören. Auf dem gegenüberliegenden Ufer sehen wir, wie die römisch-katholische St.-Peter-und-Pauls-Kirche von Bernshausen ihren schlanken Turm emporreckt. Rechts von uns ragt ein weiterer langer Steg ins Wasser. Er teilt ein Stück vom See für das Naturfreibad ab.

Wir können uns nun entweder im Isang oder draußen bei gutem Wetter auf der Terrasse stärken. Leider aber haben wir den falschen Tag erwischt, heute ist geschlossen. Aber das macht nichts. Niemand verhungert im Eichsfeld. Es gibt auf dem Weg zum Wanderparkplatz noch den Kiosk am See und dann noch „The Old Sailor". Wir machen uns auf den Weg zum Auto. Dafür nehmen wir den See jetzt in den Rücken und laufen über den von Bäumen überdachten Parkplatz vom Isang, danach bis vor zur Straße und wenden uns gleich wieder nach links Richtung Campingplatz. Wir kommen am Old Sailor vorbei, am Zeltplatz sowie dem großen Abenteuerspielplatz und müssen einfach nur geradeaus laufen, um am Startpunkt unseres gemütlichen Spaziergangs wieder anzukommen.

Gastronomie:

Graf Isang, Seestraße 37, 37136 Seeburg. Telefon 05507/919880, www.grafisang.de

Café Restaurant Wellenreiter, Wollbrandshäuser Straße 6, 37136 Seeburg. Telefon 05507/915882, www.wellenreiter-seeburg.de

The Old Sailor, Seestraße 20, 37136 Seeburg, Telefon 05507/1319

Gasthaus „Zu den drei Rosen", Göttinger Straße 3, 37136 Bernshausen, Telefon 05528/2017178, www.zuden3rosen.de

Tipp

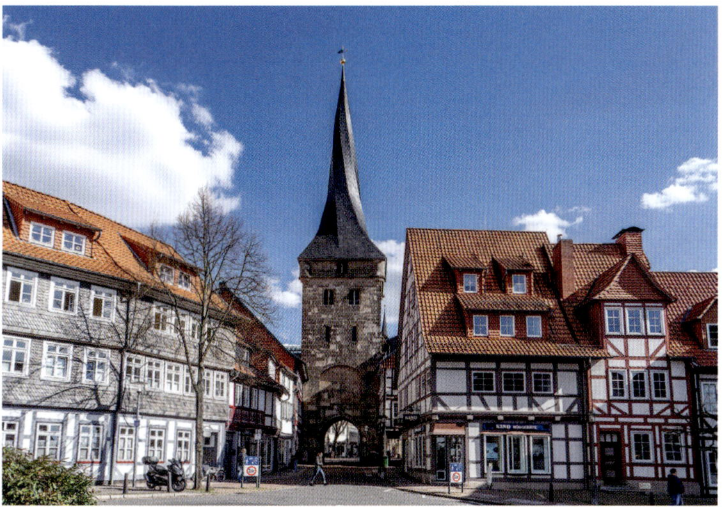

Duderstadt

Duderstadt, sieben Kilometer südlich des Seeburger Sees gelegen, ist eine der vier Eichsfeldstädte und die einzige von ihnen, die nie zum DDR-Gebiet gehörte, aber direkt an der Grenze lag. Sie beansprucht gern für sich den Titel Hauptstadt des Eichsfeldes, was die Heiligenstädter schon historisch nicht gelten lassen, aber zumindest erhebt Duderstadt den Anspruch die „Perle des Eichsfeldes" zu sein. Das Stadtbild wirkt überwiegend mittelalterlich, rund 600 Bürgerhäuser vieler Epochen, aber hauptsächlich Fachwerk, prägen den Kern, der von einer Wallanlage umgeben ist. Berühmt und sagenumwoben ist die verdrehte Spitze des Westerturms und das Rathaus, das als eines der ältesten in Deutschland gilt. Ursprünglich als Kophus, als Kaufhaus, gebaut, geht die Baugeschichte bis ins Jahr 1302 zurück. Die katholische Kirche im Stadtkern St. Cyriakus, auch Oberkirche genannt (als Unterkirche wird die evangelische St.-Servatius-Kirche am anderen Ende der Marktstraße bezeichnet), wurde 2011 von Papst Benedikt XVI. zur Basilika erhoben. Um die verdrehte Spitze des Westerturmes ranken sich mehrere Sagen, aber bei allen hat der Teufel seine Hand im Spiel.

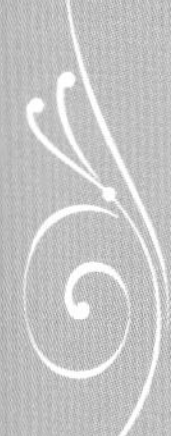

Graf Isang und der Seeburger See

Genau dort, wo heute der Seeburger See seine Fluten in der Sonne spiegelt, stand einst ein stolzes Schloss. Dort lebte Graf Isang, der allerdings ein gottloses und wildes Leben führte. Er raubte und plünderte, dass die ganze Gegend unter ihm litt und die Bewohner ihn genauso fürchteten wie den Teufel.

Einmal durchbrach Graf Isang die Mauern des Klosters Lindau. Die Nonnen konnten sich nur durch Flucht retten – bis auf eine. Die packte er, warf sie auf sein Pferd und nahm sie mit. Erst auf dem Schloss erfuhr er, dass es seine eigene Schwester war, die er geraubt hatte. Er erschrak fürchterlich und schickte sie mit reichen Gaben zur Buße wieder zurück in das Kloster. Doch sein Herz blieb gegenüber Gott weiter aus Stein und er nahm das wilde Treiben bald wieder auf.

Einmal schickte er einen Diener zum Fischmeister, weil es ihm nach einem Aal gelüstete. Aber der Fischmeister gab eine silberweiße Schlange mit. Der Graf aber war gar nicht unzufrieden mit dem Tier, weil er wusste, dass derjenige, der von einer falschen Schlange aß, in alle Geheimnisse der Tiersprache eindringen konnte. Er ließ die Schlange zubereiten, verbot dem Diener aber bei Todesstrafe, einen Bissen davon zu kosten. Der Graf aß so viel er konnte von dem Gericht, aber es blieb doch etwas übrig. Die Schüssel wurde wieder hinausgetragen. Da konnte sich der Diener nicht mehr beherrschen und aß den Rest auf. Dem Grafen aber begannen nach der Mahlzeit alle seine Missetaten aufs Herz zu drücken, alle schweren Sünden und jeder Frevel, so dass er es regelrecht mit der Angst zu tun bekam. „Mir ist so heiß, als ob ich die Hölle angeblasen hätte“, stöhnte er und ging in den Garten. Dort traf ihn ein Bote an mit einer noch schlimmeren Nachricht. „Eure Schwester ist aus Kummer über Eure Gewalttat gestorben“, richtete er aus. Graf Isang wandte sich zurück zum Schlosshof. Dort aber begannen alle Tiere, Hühner, Enten, Gänse, ja sogar die Sperlinge und Tauben von seinen Missetaten zu sprechen, brachten jeden Frevel und jede Sünde an. „Jetzt aber haben die Sünden ihr volles Maß erreicht, das Ende ist

gekommen", sagten die Tiere. „In kurzer Stunde werden die mächtigen Türme einstürzen, die ganze Burg wird versunken sein."
Ein Hahn krähte besonders laut vom Dach. Der Graf packte seinen Diener, der eben über den Burghof eilte am Arm und fragte ihn: „Was ruft er da?" Der Diener vergaß völlig überrumpelt, dass er nie von der Schlange hätte essen dürfen und antwortete: „Er ruft: Eil, eil, eil, ehe die Sonne untergeht, wenn du dein Leben retten willst." „Oh du Verräter!", schrie der Graf. „So hast du doch von der Schlange gegessen! Pack zusammen, was du hast, wir wollen fliehen." Der Diener rannte ins Schloss, Graf Isang sattelte selbst sein Pferd, schon war er aufgesessen und wollte eben zum Tor hinaus, als der Diener leichenblass zurückkam und ihn anflehte, ihn doch mitzunehmen. Der Graf schaute nach oben, wo soeben die letzten Sonnenstrahlen über die Dächer zogen. „Eil, eil, eil – aber zieh allein", krähte der Hahn. Graf Isang zog sein Schwert und spaltete dem Diener den Schädel, ehe er über die Zugbrücke hinausjagte. Er ritt bis auf eine kleine Anhöhe bei Gieboldehausen und dreht sich um. Noch immer sah er die Turmspitzen seines Schlosses im Abendrot leuchten und dachte, es sei alles nur ein Traum. Mit einem Male aber begann die Erde unter seinen Füßen zu zittern. Er warf sich wieder aufs Pferd und ritt weiter. Als er sich erneut umdrehte, waren Türme, Mauern und Wall verschwunden. Anstelle des Schlosses lag ein fast kreisrunder See im Abendlicht. Erst nach dieser wundersamen Rettung, so furchtbar sie auch war, bekehrte sich der Graf und büßte seine Sünden im Kloster Gieboldehausen, dem er auch seine übrigen reichen Besitztümer übereignete.

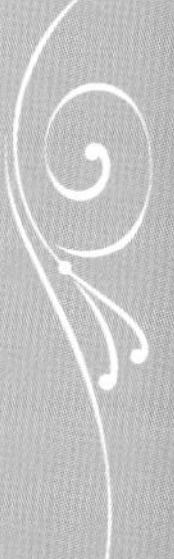

Tour 10

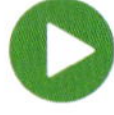 Startpunkt

 Zielpunkt

 Parkplatz

 Gastronomie

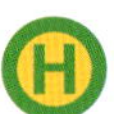 Haltestelle

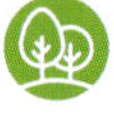 Naturerlebnis

 familienfreundlich

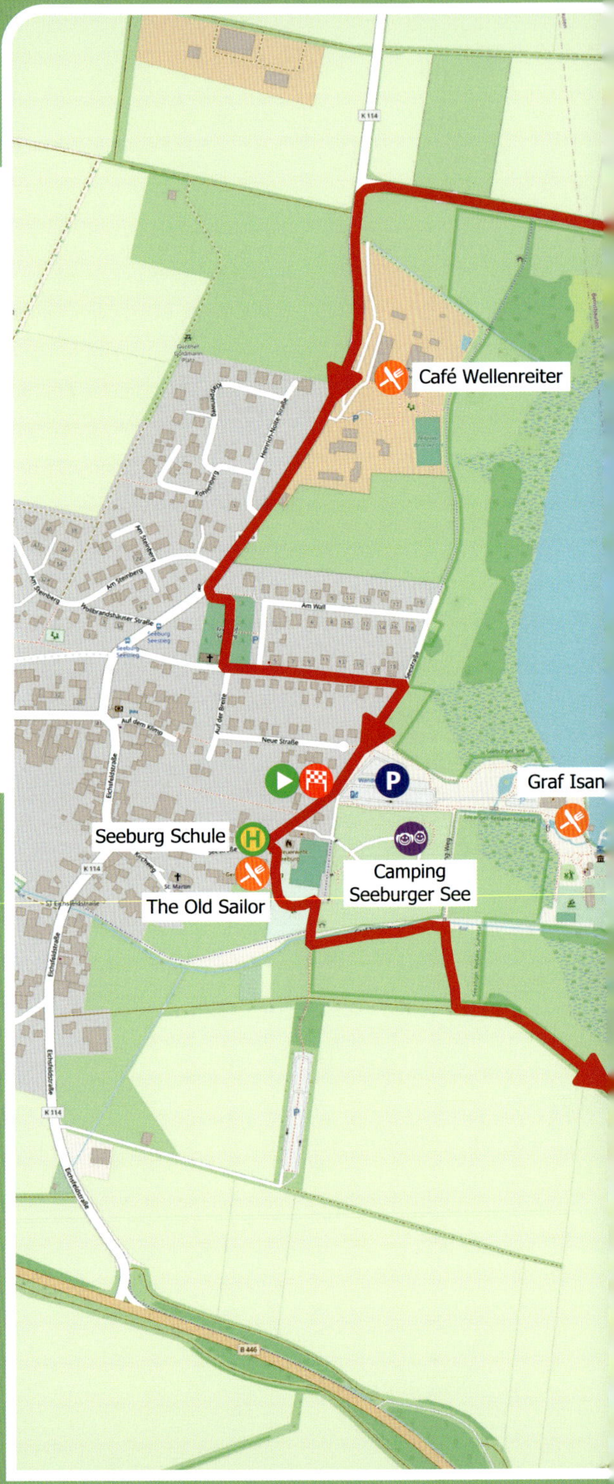

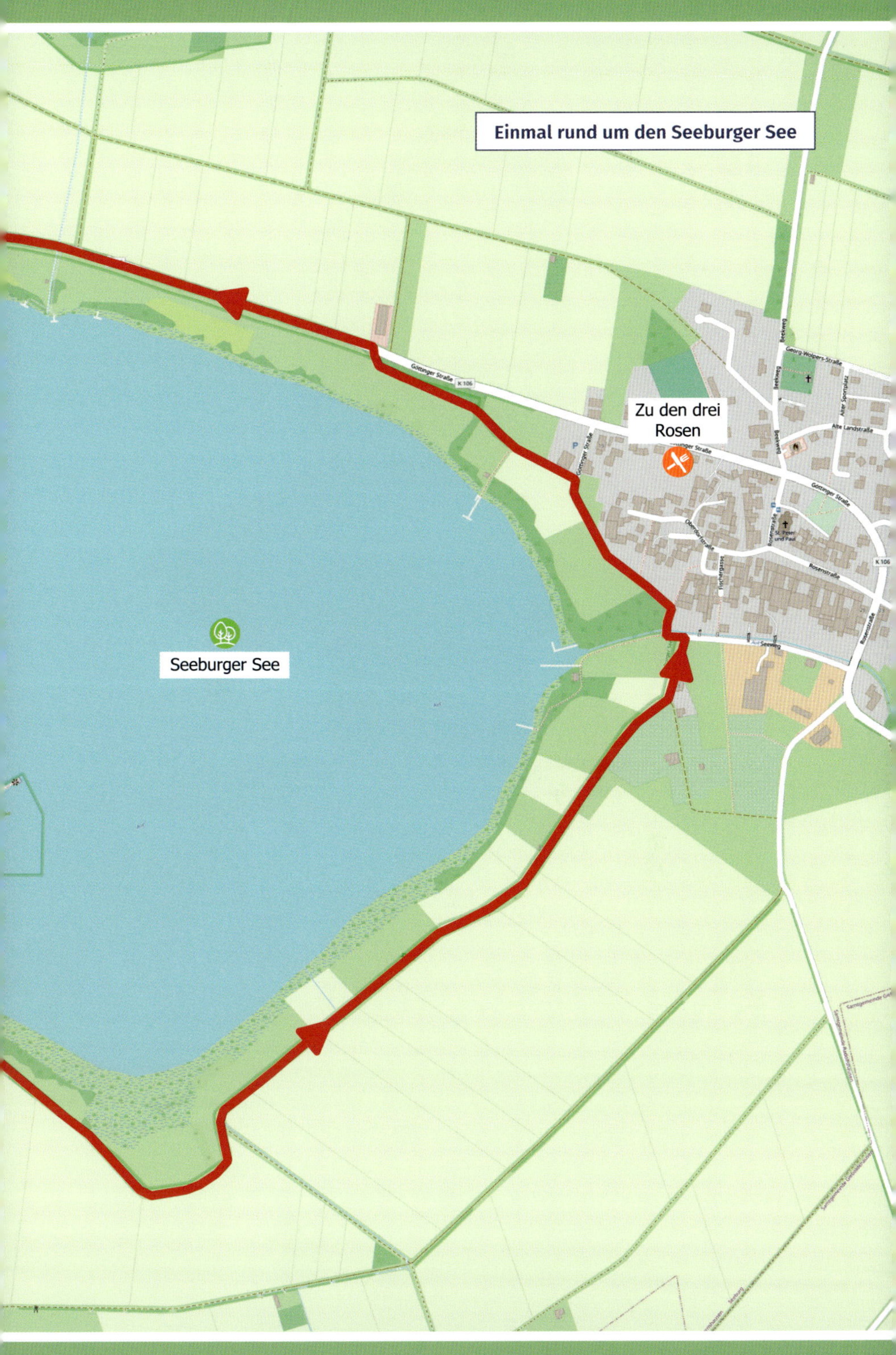

Einmal rund um den Seeburger See
Zu den drei Rosen
Seeburger See
Göttinger Straße
K 106
Seeweg
Rosenstraße
Beekweg

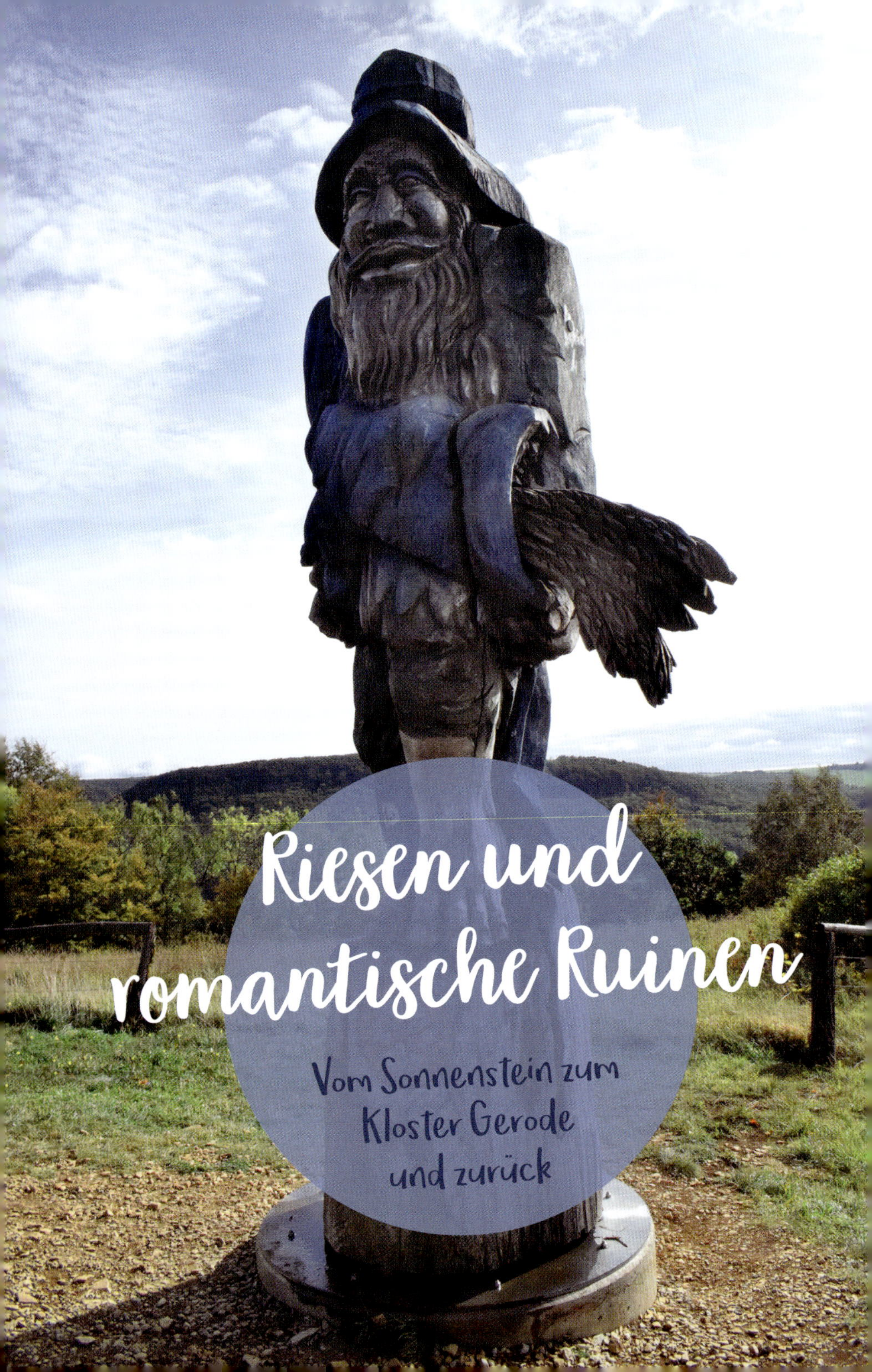

Riesen und romantische Ruinen

Vom Sonnenstein zum Kloster Gerode und zurück

Sagen- und märchenhafte Gestalten gibt es im Eichsfeld zuhauf. Zumindest in den Legenden. Heute begegnen wir einer personifizierten Ausgabe. Wir wollen vom Sonnenstein zum Kloster Gerode wandern und auf einer langen Runde wieder zurück zum Ausgangspunkt. Mehr Ausblick als hier gibt es im Eichsfeld kaum. Wir begegnen Riesen, treten selbst einen Schritt in den Horizont hinein, tauchen ab in die Stille zwischen Klostermauern, genießen Natur pur, entdecken aber auch eine Narbe in der Landschaft und im Gedächtnis der Eichsfelder.

Tour 11

3:30 Std.

13,1 km

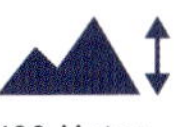
190 Meter

Start/Ziel: Wanderparkplatz Sonnenstein
Anton-Thraen-Straße, 37345 Holungen
Wegbeschaffenheit: fast durchgehend gut befestigte, teils naturbelassene Wanderwege, nur wenige Meter Asphalt
Parken: Wanderparkplatz am Sonnenstein
Anreise mit ÖPNV: Bushaltestelle Sonnenstein oder Holungen Teichstraße

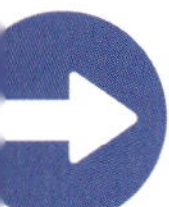

Wegbeschreibung: Wir starten unsere Wanderung am Sonnenstein. Der Berg hat nicht nur einer ganzen Landgemeinde ihren Namen gegeben, sondern er ist auch sagenumwoben. Das waldlose Plateau bietet schon zum Start der Tour sagenhafte Ausblicke, so dass man eigentlich gar nicht weitergehen, sondern stundenlang dort sitzen und das eindrucksvolle Panorama genießen möchte. Aber dazu kommen wir gleich.

Wir schlängeln uns durch den Schlagbaum am Parkplatz und stehen schon vor einer Entscheidung. Links von uns hängt ein Schild „Steilaufstieg". Das Wort steil ist hier ernst gemeint. Mindestens 45 Grad misst die Steigung hier. Wir entscheiden uns aber für den entspannteren Schlängelweg und gehen erst einmal geradeaus. Der Weg ist zwar dreimal so lang wie der Steilaufstieg, dafür haben wir aber oben noch Luft. Immerhin müssen wir aber auch hier auf der nur 300 Meter langen Strecke fast 70 Meter Höhenunterschied bewältigen. Aber keine Angst, es klingt schlimmer, als es ist. Zwischendurch eröffnen sich immer wieder Ausblicke auf den Ort Holungen und die große Kalihalde. Dazu aber später mehr. Nur Wanderschuhe sollte man tragen und ab und an nach unten sehen, denn Querrinnen kreuzen den Weg, um Regenwasser zu kanalisieren und abzuleiten, damit es den Wanderweg nicht ausspült.

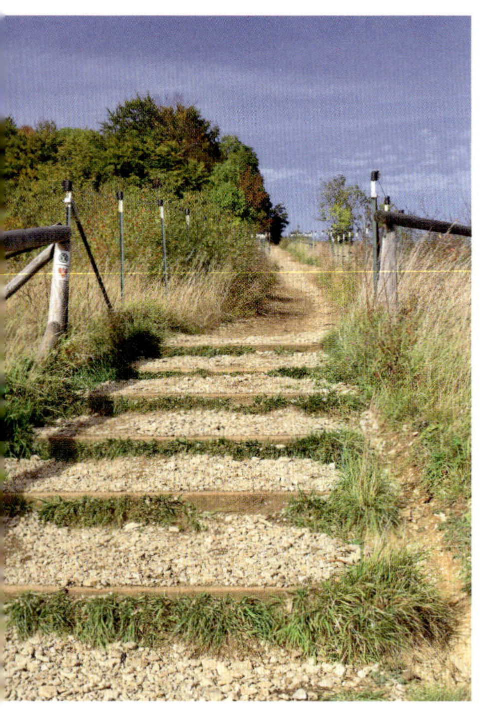

Der Steilaufstieg zum Sonnenstein

Wir sind auf dem Plateau und müssen jetzt links zum Aussichtspunkt. Noch einmal schlängeln wir uns an einem Schlagbaum vorbei. Oben nimmt uns der Riese in Empfang. Die Figur ist fast vier Meter hoch und personifiziert die Eichsfelder Sage

Tipp

Großbodungen mit Burg

Unweit des Wanderweges liegt der stolze Marktflecken Großbodungen. Der Ort gehörte nicht immer zum Eichsfeld, hat sich aber inzwischen hier ganz gut eingerichtet. Mitten im Dorfkern erhebt sich eine Burg, die bis 2021 noch Sitz derer von Westphalen war, die das baufällige Gebäude erwarb und von Grund auf sanierte. Dafür bekam die Familie den Deutschen Burgenpreis. Die Burg ist weiter in Privatbesitz und derzeit nicht zugänglich. Der sechsgeschossige Wartturm aber gilt als Wahrzeichen Großbodungens. Eine Burg muss es schon im 11. Jahrhundert gegeben haben, die Anlage, die heute noch zu sehen ist, nahm ihre Anfänge im 12. Jahrhundert und wurde im 14. sowie 17. Jahrhundert noch einmal ausgebaut. Der Dorfkern lohnt einen Spaziergang. Vom Schlossplatz kann man durch die Fleckenstraße flanieren, die beidseitig idyllisch den Hagebach flankiert. Auch ein Rundgang durch das Dorf kann genommen werden, der dann zum Schlossplatz zurückführt.

vom „Braunen Bühl“. Überhaupt sind mit Riesen viele Geschichten des Sonnensteins verbunden. Wir folgen dem Blick des Riesen in die Landschaft, er ist atemberaubend. Unter einem Sonnensegel kann man an Bänken und Tisch gut picknicken.

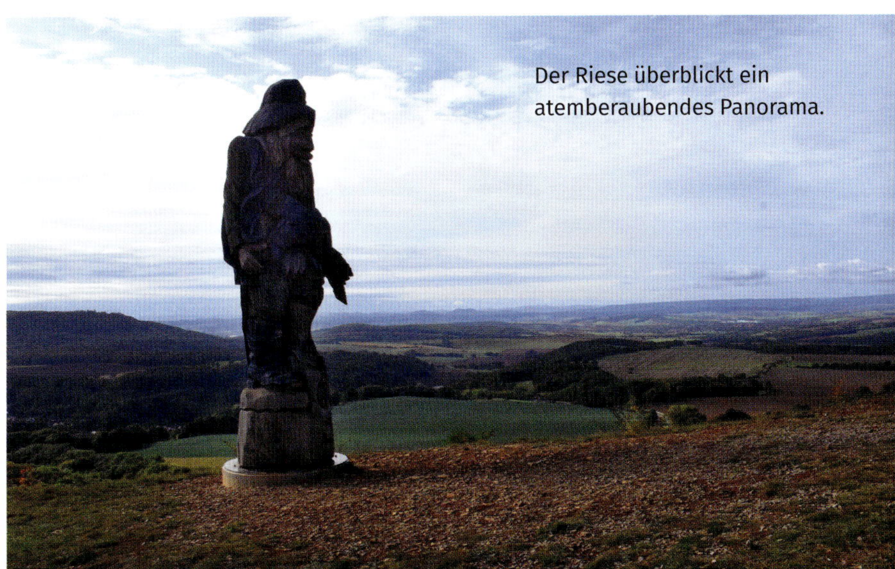

Der Riese überblickt ein atemberaubendes Panorama.

Noch besser sehen wir das Panorama vom Skywalk aus, unweit des Riesen. Der Steg aus Glas ragt über den Hang. Vor uns und über uns nur Luft, Wolken und Panorama. Fast erscheint es, als stehe man im Himmel und schaut von dort auf den Horizont. Im Norden können wir den Harz sehen, im Süden das Ohmgebirge. Im Osten zeigen sich die Wipfel des Kyffhäusergebirges, im Westen ergießt sich die Goldene Mark zu unseren Füßen. Auch ein großes Kreuz steht auf dem Sonnenstein. Dort werden regelmäßig Gottesdienste gefeiert. Eine Informationstafel erklärt das Panorama. Genau sind die Berge vermerkt, sogar Duderstadt und den Seeburger See kann man bei guter Fernsicht klar erkennen. Wir haben so einen Tag erwischt.

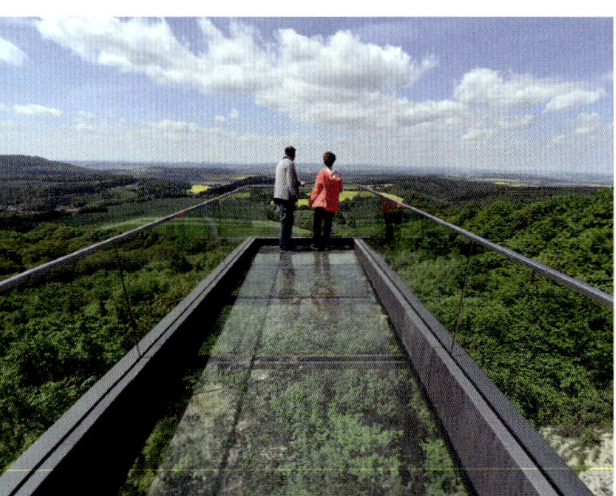
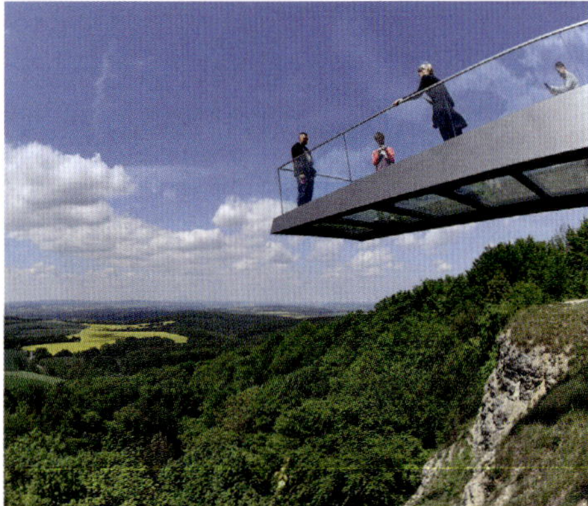

Der Skywalk auf dem Sonnenstein ist nichts für schwache Nerven.

Wir gehen noch einmal auf die andere Seite und erhaschen einen Blick auf Holungen. Links liegt eigentlich Bischofferode. Aber das Dorf ist durch einen Berg und eine sanfte Anhöhe verdeckt. Es handelt sich um eine große Abraumhalde des einstigen Kaliabbaus. Wegen ihrer rostroten Färbung wird sie auch gern der „Ayers Rock des Eichsfelds“ genannt, vor allem, wenn die Abendsonne sich an den Flanken fängt. Für uns – wir können uns kaum losreißen, aber wir kommen ja wieder hierher – geht es jetzt Richtung Osten. Unser Wanderzeichen ist ein weißes T. Wir schlängeln uns wieder am Schlagbaum vorbei, dann geht es geradeaus. 13,1 Kilometer haben wir vor uns. Aber das ist nicht so

Am Weg

Kalibergwerk Bischofferode

Auch wenn beide Gemeinden Holungen und Bischofferode darauf bestehen, einzeln genannt zu werden, könnte man sie doch als Zwillingsdörfer bezeichnen. Zwischen ihnen befinden sich das Kalibergwerk Bischofferode. Es geriet in die Schlagzeilen, als nach der Wende die Schließung beschlossen wurde und die Kumpel in den Arbeitskampf und in einen Hungerstreik traten. Es war vergebens, die Treuhand entschied, das Werk zu schließen, obwohl es nachweislich noch Lagerstätten für 40 weitere Jahre Förderung gibt. Mehrere Dokumentarfilme beschäftigten sich mit dem Thema. Heute erinnert ein Kali-Bergbaumuseum an die Arbeit unter Tage. Inzwischen werden die Hohlräume verfüllt, die Halde steht als Mahnmal zwischen den Dörfern und dem Sonnenstein.

schlimm. Fast die ganze Strecke ist gut befestigt, Gras wächst dazwischen, teils haben wir einige Abschnitte naturbelassene Pfade. Sage und schreibe elfmal können wir an einer Waldschenke rasten, auf dem Wendepunkt am Kloster Gerode ist sogar Kaffeetrinken möglich. Das aber nur für Gruppen nach vorheriger Anmeldung.

Zunächst geht es sanft bergab. Wir wandern immer am Waldrand entlang durch das Georgenthal zum Pilz. Auch hier gibt es immer wieder Stellen, an denen wir stehenbleiben und die Aussicht genießen. Wer davon schon erschöpft ist, kann am Pilz auf einer Bank ausruhen. An der markanten Weggabelung wählen wir rechts den Höhenweg durch den Wald bis zur Wenderhütte. Sie dient als waldpädagogisches Zentrum des Forstamtes Leinefelde. Selbst sie bietet eine tolle Aussicht, in diesem Fall auf den Harz. Da wir heute genug Zeit haben, informieren wir uns dort über die Besonderheiten der Flora und Fauna. Am Rand des Weges steht eine ganze Anzahl an imposanten Skulpturen, die vor einigen Jahren während eines Bildhauersymposiums entstanden.

Weiter geht es unter dem grünen Dach des Waldes immer dem Weg nach. In einer lang gezogenen Kurve führt die Route immer weiter in östliche Richtung bergab, dann folgen ein paar Kehrtwenden und

Schleifen. Nachdem wir aus dem Wald treten, 7,3 Kilometer nach unserem Start, haben wir in der Flur den nächsten markanten Wegpunkt erreicht. Es ist die Schlagbaum-Linde. Obwohl wir hier schon nahe der ehemaligen innerdeutschen Grenze sind, hat dieser Name mit dem Eisernen Vorhang wenig zu tun. Genau an der Linde soll über dem Weg früher ein Schlagbaum gestanden haben, der die Zufahrt des Klostergeländes von Gerode schützen sollte beziehungsweise Reisende zunächst aufhielt, bis man wusste, wer sie waren und was sie wollten. Der Baum wird auf circa 500 Jahre geschätzt. Vom ursprünglichen Stamm gibt es nur noch Fragmente, doch diese haben eine neue Krone gebildet. Knapp einen Kilometer liegen jetzt noch bis zum Kloster Gerode vor uns.

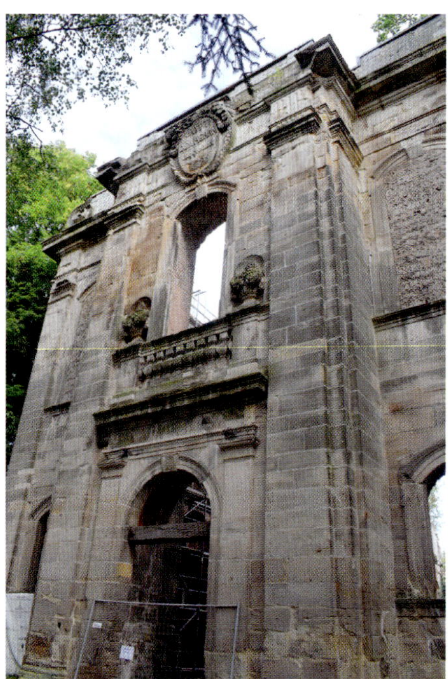

Die neoklassizistische Kirchenruine von Gerode

Wir überqueren die Geröder Eller und bewegen uns entlang einer langen Mauer zur Rechten. Es ist die Klostermauer, die das weitläufige Gelände von Gerode umringt und weitestgehend intakt ist. Auch im Inneren herrscht Leben. Es sind zwar keine Benediktinermönche mehr, die hier leben und wirken, sondern das Gesundheitszentrum „Weg der Mitte“. Das Klostergelände beherbergt einen wunderbaren Kräutergarten nach dem Vorbild von Hildegard von Bingen, die alte Kirchenruine ist eines der romantischsten Gemäuer in der gesamten Region.

Wir haben schon mehr als die Hälfte des Weges hinter uns gebracht und wir schlendern nun über die Straße „An der Pfannenbreite" durch den Weiler Gerode, der zum Ort Weißenborn-Lüderode gehört, den wir auch schon sehen können. An der Streuobstwiese vorbei führt uns die Route nun bergan etwa einen Kilometer bis zum Steinbruch. 33 Jahre lang wurde er genutzt, lag später im Sperrgebiet. Das mag dafür gesorgt haben, dass sich auf dem Gelände ein einzigartiges Biotop gebildet hat, das heute geschützt ist. Wenn man leise ist und stillsteht, kann man so manches Getier flitzen sehen und seltene Pflanzen entdecken. Die sollte man aber stehen lassen.

Es geht weiter bergauf. Dieses Mal etwas steiler. Dafür ist die Strecke kürzer, die wir nun bewältigen müssen, um wieder am Pilz anzugelangen. Dazwischen müssen wir auch eine starke Spitzkehre bezwingen. Am Pilz angekommen ruhen wir uns erst einmal etwas aus. Wer noch Energie hat, kann aber die einzige Abkürzung, die der Rundweg bietet, nutzen und quer durch den Wald noch einmal zur Wenderhütte flitzen. Mit frischer Kraft machen wir uns auf die letzten 1,5 Kilometer zurück zum Sonnenstein. Die brauchen wir auch, denn es geht ja weiter bergauf. Und dann tauchen Skywalk und Riese wieder vor uns auf. Wir sind am Ziel, lassen die Panoramen noch einmal auf uns wirken. Zum Auto zurück wählen wir den Steilaufstieg, in diesem Fall den Steilabstieg. Das geht auch ordentlich auf die Knie. Aber diese Piste kann man, wenn einen die Füße nicht mehr tragen, zur Not auch hinunterrollen. Die Anstrengung waren diese Blicke allemal wert.

Gastronomie:

Gaststätte „Zur alten Schänke", Oberstraße 19, 37345 Am Ohmberg, Telefon 036077/29420, https://alte-schaenke.business.site

Auf Anfrage für größere Gruppen auch Verköstigung im Klostercafé Gerode möglich. Kontakt über Website www.wegdermitte.de

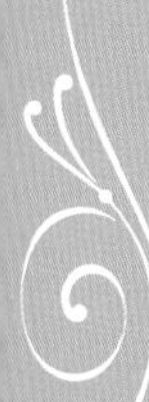

Die Sage vom Sonnenstein

In grauer Vorzeit stand einst auf der Höhe des Sonnensteins eine große Festung, die die Umgebung beherrschte und in der ein mächtiges Riesengeschlecht hauste. Im letzten Vertreter des Stammes aber schien sich die ganze Kraft und Frevelhaftigkeit noch einmal gesammelt und vervielfacht zu haben. Er war zudem ein meisterhafter Bogenschütze. Oft suchte er sich als Ziel Kühe oder Pferde im Tal aus, so dass die Bauern immer wieder die Treffsicherheit des Riesen verfluchten.

Einst kam der Tag vor der Sommersonnenwende. Der Riese hatte mit seinen Saufkumpanen ein großes Gelage abgehalten und trat auf die Zinne des Festungsturmes, den unvermeidlichen Bogen in der Hand. Da fiel sein Blick auf den heiligen Hain in der Senke des Ohmgebirges, wo die Rösser weideten, die Wotan geweiht waren. In dem Moment betrat der Oberpriester die heilige Stelle, um dem Fohlen einen Mistelkranz um den Hals zu hängen, das am nächsten Tag dem Gott geopfert werden sollte. Der Riese hob den Bogen und spannte die Sehne. Seine Kumpane wollten ihn noch davon abhalten, aber es war zu spät. Der Pfeil schnellte von der Sehne und fand treffsicher sein Ziel. Das Fohlen sank blutüberströmt zu Boden. Der Priester schaute voller Entsetzen empor und gewahrte den Riesen, der den Bogen noch in der Hand hielt. Mit weithin grollender Stimme verfluchte der Priester den Übeltäter.

Schon in der gleichen Nacht sollte der Fluch in Erfüllung gehen. Um Mitternacht begannen ein Grollen, Krachen und Poltern, und als der Tag dämmerte, lag die Festung zertrümmert am Fuße des Sonnensteins. Der Riese selbst hing tot an einem Felsen. Der Frevel war gerächt.

Der Braune Bühl

Eine Gegend des Eichsfeldes, in der sich vor allem Riesen wohlfühlten, ist die Porta Eichsfeldica, das Tor zum Eichsfeld, das von Sonnenstein und Ohmgebirge gebildet wird. Der Riesenhügel ist der Braune Bühl genau in der Mitte, der an einen flachen Zuckerhut erinnert. Einst war ein Riese von Osten kommend in Richtung Rhein unterwegs. Noch am Morgen war er in der Mark Brandenburg aufgebrochen. Als er gegen

Abend im Eichsfeld ankam, war er von Sonnenstein und Ohmgebirge so entzückt, dass er sich niedersetzte, um die Aussicht zu genießen. Er schlief sich die Nacht über dort gut aus. Als am nächsten Morgen die Sonne aufging, wollte er weiter, doch dann bemerkte er, dass ihm an den Füßen etwas drückte. Er zog beide Stiefel aus und stellte fest, dass in ihnen märkischer Sand war. Er schüttete erst den einen Stiefel aus, dann den Inhalt des zweiten obendrauf. Einige Bewohner der Gegend, die das Ereignis beobachtet hatte, gaben dem neuen Berg den Namen Riesenhügel. Bekannt ist er auch als Brauner Bühl. Eine weitere Sage aber erzählt, dass eines Tages im Himmel Großreinemachen angesagt war. Doch wohin mit dem ganzen Kehricht? Da gab Petrus, der über die Himmelspforte wacht, den Befehl, ein Loch in den Himmel zu machen und den ganzen Haufen auf die Erde zu schütten. Ausgerechnet über dem Eichsfeld! Seither nennen manche Leute den sandigen Hügel auch Himmelsberg, da er der Sage nach aus Himmelsstaub besteht.

Die Urbenschanze

An der Westseite des Sonnensteins liegt versteckt auf halber Höhe hinter dem Gebüsch die Urbenschanze. Der Volksmund sagt, sie sei ein Überbleibsel einer Felsenhöhle, die über die Jahrhunderte hinweg verfiel und zerstört wurde. Der Sage nach war diese Höhle der Stall des Rosses, das einem bösen Räuber mit Namen Urban gehörte. Er trieb im Gehölz des Sonnensteins sein Unwesen. Sein Rapphengst war schnell wie ein Sturm. Egal was seine Häscher auch versuchten, Urban gelang es immer, zu entkommen und seine Verfolger in die Irre zu führen. Zum Beispiel verstand er so meisterhaft die Kunst des Hufschmiedens, dass er dem Pferd die Hufeisen so geschickt verkehrt herum anpasste, so dass das Pferd nicht beim Galopp gestört wurde, die Abdrücke aber in genau die entgegengesetzte Richtung wiesen. Jahrelang ging alles gut, bis Urban übermütig wurde und auf seine List verzichtete. So gelang es, ihn eines Tages in seinem Versteck zu überraschen, ihn zu binden und der Gerechtigkeit anheim zu geben. Seitdem heißt die Höhle Urbenschanze und wird manchmal sogar als Pferdestall bezeichnet.

Tour 11

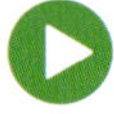 Startpunkt

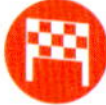 Zielpunkt

 Parkplatz

 Gastronomie

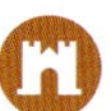 Sehenswürdigkeit

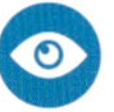 Aussichtspunkt

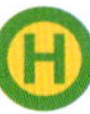 Haltestelle

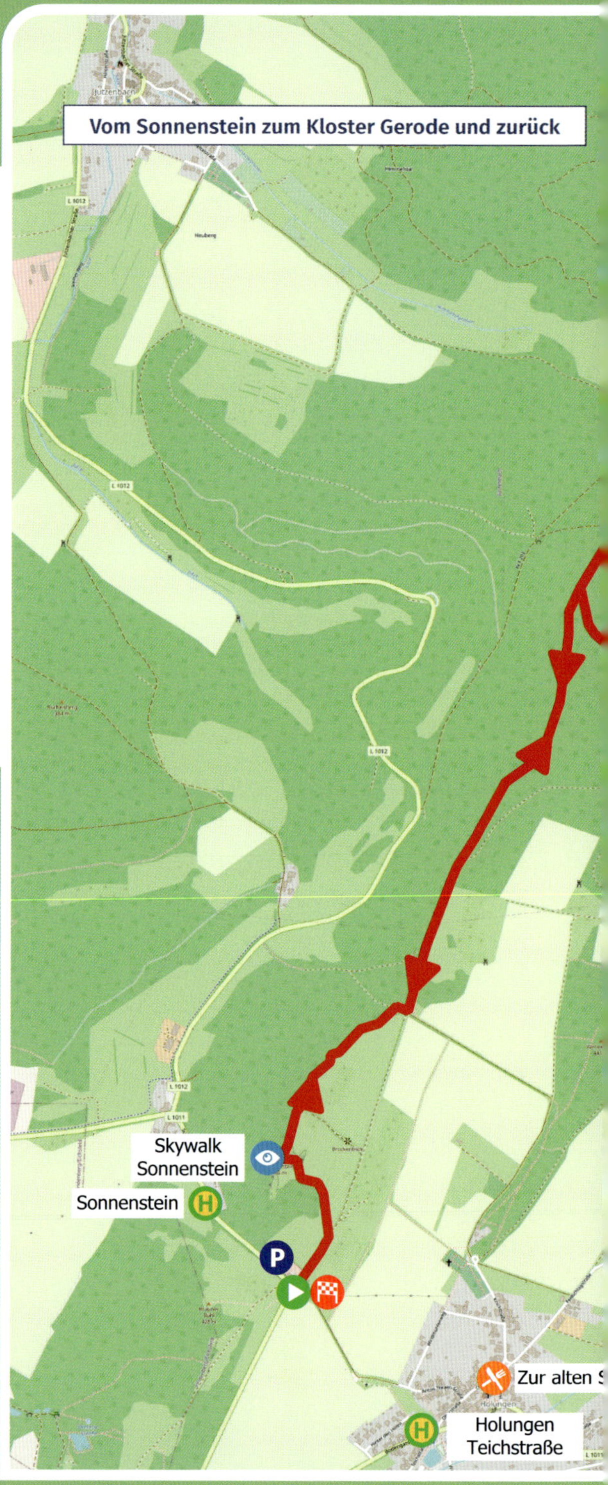

Vom Sonnenstein zum Kloster Gerode und zurück

Skywalk Sonnenstein

Sonnenstein

Zur alten S

Holungen Teichstraße

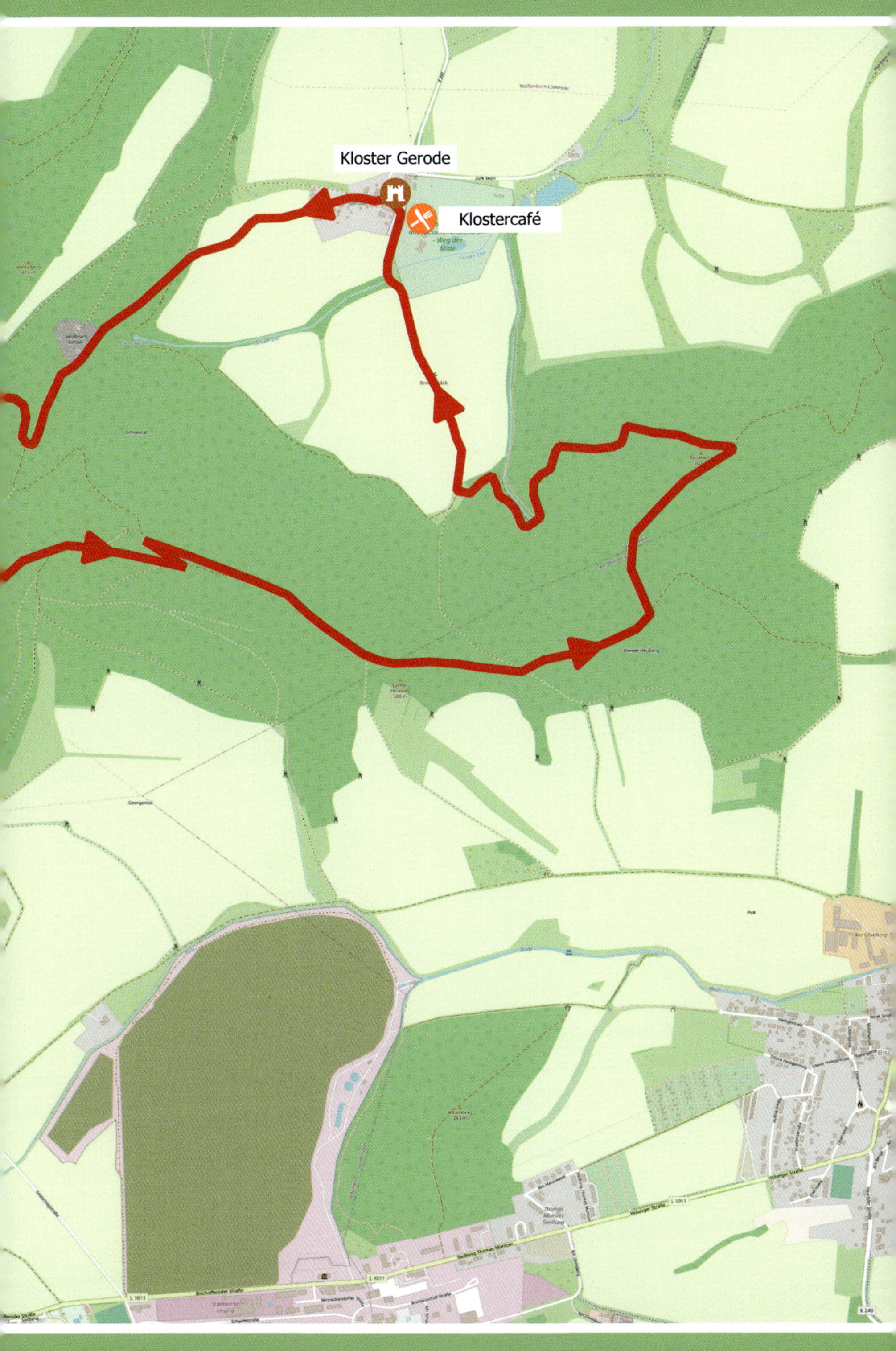
Kloster Gerode
Klostercafé

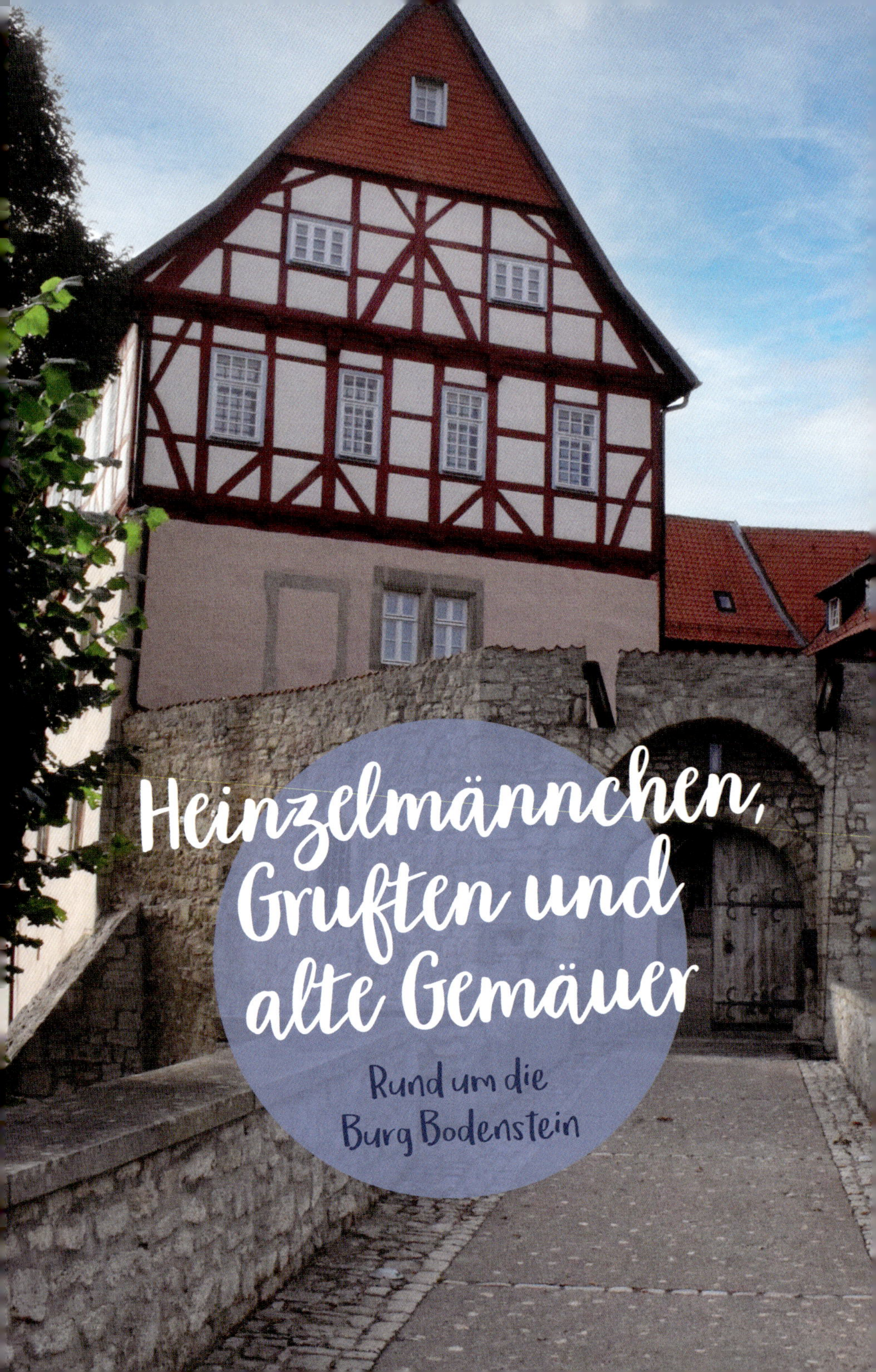
Heinzelmännchen, Gruften und alte Gemäuer
Rund um die Burg Bodenstein

Für ausdauernde Wanderer ist der Rundweg rund um die über 900-jährige Burg Bodenstein gewissermaßen nur ein Spaziergang. Etwa zehn Kilometer sind es. Aber der Weg hat es in sich, und unterwegs gibt es alles, was das Herz begehrt: vorwiegend naturbelassene Wege, eine mittelalterliche sagenumwobene Burg mit Einkehrmöglichkeit, herrliche Ausblicke, ungewöhnliche Tiere, Adelsgeschichte und Natur pur.

Tour 12

3:00 Std.

9,8 km

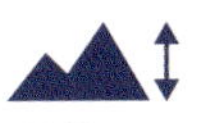
135 Meter

Start/Ziel: Alternativer Bärenpark Worbis, Duderstädter Allee 49, 37339 Leinefelde-Worbis
Wegbeschaffenheit: vorwiegend naturnahe, gut befestigte und naturbelassene Wanderwege, wenig Asphalt
Parken: am Bärenpark Worbis
Anreise mit ÖPNV: mit Expressbus-Linie ab Duderstadt bis Worbis ZOB, Fußweg zum Startpunkt 1,3 Kilometer

Wegbeschreibung: Da diese Tour ein Rundwanderweg ist, kann man an allen möglichen Punkten, zum Beispiel an der Burg Bodenstein, einsteigen. Wir haben uns für Worbis entschieden, denn so haben wir die Steigungen in der Mitte der Wanderung und können am Ende bequem bergab laufen und müssen uns nicht noch einmal zum Schluss einen Berg hochquälen. Darum beginnen wir bei für das Eichsfeld ganz ungewöhnlichen Tieren und treffen uns am Alternativen Bärenpark in Worbis. Einen Besuch des Geheges heben wir uns für später auf und brechen auf zu unserer Wanderung.

Am Weg

Bärenpark Worbis

Es ist ein einzigartiges Tierschutzprojekt in Deutschland, die Schwestereinrichtung befindet sich im Schwarzwald. Betrieben werden beide von der Stiftung für Bären. Dort finden seit 1996 Bären aus nicht artgerechter Haltung ein neues Zuhause. Mitunter haben die Tiere, bevor sie nach Worbis kamen, noch nie Gras unter den Tatzen gehabt, mussten vielmehr als Zirkustiere dienen oder ihr Leben in betonierten Bärenzwingern oder -gräben fristen. Teils fangen sie hier erst wieder an, ihrer Natur zu folgen, Höhlen zu graben oder Winterschlaf zu halten. Der Park ist so angelegt, dass nicht die Bären, sondern die Menschen im Gehege sind. Sie laufen über einen vergitterten Pfad durch das Gelände, auf dem sich die Tiere frei wie in der Wildnis bewegen können. Der Park kann jederzeit besucht werden, es gibt zahlreiche Angebote zur Umweltbildung.

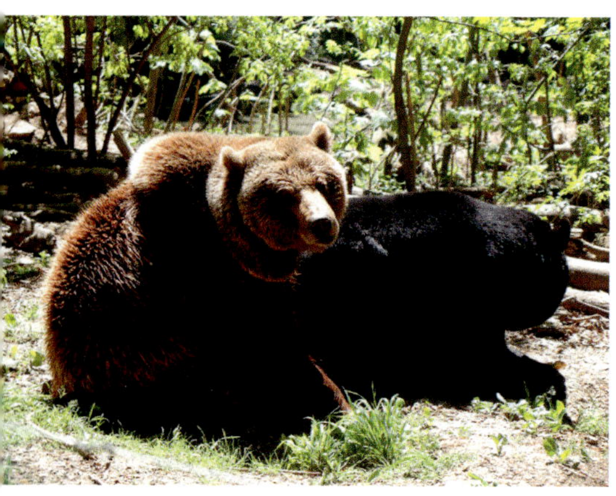

Natürlich kann man die Rundstrecke in beiden Richtungen laufen, entweder zuerst über den Kanstein oder über die „Katharine". Wir wählen die zweite Option und wenden uns vom Parkplatz nach Nordwest, in Richtung Wintzingerode. Die Route startet direkt im Wald. Der Buchstabe T im Kreis auf grünem Grund führt uns auf dieser Rundstrecke. Nur leichte Kurven begleiten uns auf den ersten Kilometern, auch das Gelände ist recht eben, was ein entspanntes Wandern für Ungeübte ermöglicht. Teils bewegen wir uns am Waldrand und erhaschen erste Blicke hinunter auf das Dorf Wintzingerode, dem ein mächtiges Adelsgeschlecht seinen Namen gegeben hat. Wir bewegen uns trotzdem noch hoch über dem gar nicht mal so kleinen Dörfchen.
Zunächst sehen wir links von uns den neuen Teil des Bärenparks. Dort haben Luchse ihr Domizil. Es ist eine in Deutschland einmalige Auffangstation für die gefährdeten Pinselohren. Rechts am Wegesrand stehen Tafeln eines Lehrpfads und zwei Entdeckerspielzeuge für Kinder.
Unser erstes Zwischenziel nach gemütlichen vier Kilometern ist die Katharinenquelle. Unter Bäumen gelegen speist sie einen kleinen Bachlauf, der später die Straße „Zur Katharine" quert und dann den Katharinenteich in einem Bogen umgeht. Wir biegen kurz scharf links ab, dann ist es nicht mehr weit, nur knapp 30 Meter liegt die Quelle entfernt. Auf dem Rückweg halten wir uns weiter geradeaus und biegen dann links ab, um nach etwa 70 Metern die Eselsgasse zu queren, sie ist die Forstwegverlängerung der Straße „Zur Katharine", die wir eben an der Quelle von oben erahnen konnten. Es geht weiter immer geradeaus, bis wir nach weiteren etwa 300 Metern das Kriegerdenkmal erreichen. Dabei müssen wir uns nicht an den breiteren Weg halten. In dessen Nähe schlängelt sich im Wald ein Naturpfad, der uns direkt zum Kriegerdenkmal leitet und dann wieder auf den breiteren Weg führt. Verlaufen können wir uns nicht. Das Denkmal, das 2011 saniert und neu eingeweiht wurde, hat sogar eine eigene Adresse: Schlossstraße 9. Wer meint, hier stehe in der Nähe ein Märchenschloss wie aus einem Sissi-Film, der irrt. Mit dem Schloss ist die Burg Bodenstein weit rechts über uns gemeint, die auch in der Literatur und in den Sagen oft Schloss Bodenstein genannt wird.

Nach rund 100 Metern halten wir uns an der Weggabelung rechts und an der Spitzkehre geht es einfach weiter geradeaus. Denn nun gelangen wir gleich zu der Gruft der Grafen von Wintzingerode. Die Begräbnisstätte mit den Portalstufen ist wie ein Mausoleum angelegt und befindet sich auf einer Freifläche. Sie datiert auf das Jahr 1821, vollendet hat sie Georg Ernst Levin Graf von Wintzingerode. Zuvor war die Kirche in Kirchohmfeld auf der anderen Seite der Burg Bodenstein die bevorzugte Grablege des Adelsgeschlechtes. Der Grund für den Bau war tatsächlich eine heimliche Ehe. Graf Georg hatte 1794 unbemerkt die verwitwete Landgräfin Philippine von Hessen-Kassel geheiratet, die wiederum eine geborene Prinzessin von Preußen war. Sie sorgte dafür, dass ihr heimlich Angetrauter durch Kaiser Franz II. in den Stand eines Reichsgrafen erhoben wurde. Diesen Aufstieg wollte man scheinbar durch eine solche Familiengrablege repräsentiert wissen. Niemand konnte ahnen, dass sie sehr schnell nach der Fertigstellung gebraucht wurde. Urplötzlich starb der älteste Enkel des neuen Reichsgrafen.

Am Weg

Burg Bodenstein

Erstmals wurde die Bodensteiner Adelsfamilie im Jahr 1098 erwähnt. Mehrfach gab es Besitzerwechsel, aber ab 1448 war die Burg im Besitz der Familie von Wintzingerode. Nach 1945 wurde die Burganlage im Zuge der Bodenreform der DDR entschädigungslos enteignet, die Familie vertrieben. Es heißt, dass die Burg einem Sprengbefehl nur entging, weil ein russischer Offizier dagegen intervenierte. Gräfin Gisela war im Jahr 1948 mit ihrer Bitte erfolgreich, die Burg der evangelischen Kirchenprovinz Sachsen zu übertragen. Ab 1971 war sie kirchliches Tagungs- und Erholungsheim, bot während der DDR geistigen Freiraum. Nach der Wende blieb die Burg im kirchlichen Besitz, seit 2014 ist sie anerkannte Familien- und Erholungsstätte der Evangelischen Kirche Mitteldeutschlands. Zudem ist sie kultureller Veranstaltungsort. In ihren Räumen finden Kabaretts, Konzerte, Lesungen und Podiumsdiskussionen statt.
www.burg-bodenstein.de

Jetzt wird es doch ein kleines bisschen anstrengend. Es geht ziemlich bergauf in Richtung der Burg, die wir nach etwa einem Kilometer erreichen. Unterwegs kreuzen wir den Heinzelmännchenweg, einen schmalen Pfad, der sich rechts in den Wald schlägt. Solange wir auch angestrengt schauen und horchen – von den kleinen Geistern lässt sich keins blicken. Immer geradeaus geht es, dann kommt eine letzte lang gezogene Kurve, es ist geschafft. Wir stehen auf dem Parkplatz der Burg Bodenstein und blicken schon auf die Zugbrücke. Die Rast haben wir uns verdient, wir müssen aber unser Picknick nicht selbst auf dem Buckel tragen, sondern können uns in der Burg etwas aussuchen. Es gibt ein Café und vieles mehr.
Die Chance auf einen genaueren Blick lassen wir uns nicht entgehen. Wir erkunden die Burg, von der Kapelle und den Innenhof bis einmal rundherum inklusive des Rosengartens. Die Blicke reichen weit ins Land hinein bis in die Goldene Mark. Es empfiehlt sich aber, vorher telefonisch zu erfragen, wann geöffnet ist und ob eine Führung möglich ist. Denn so erfährt man eine Menge aus der Geschichte und von sagenhaften Gestalten wie der Ahnfrau Susanna, die ihre goldene Brautkrone suchte, oder dem wilden Grafen. Rund um die Burganlage erstreckt sich ein weites Naturschutzgebiet. Wir umrunden einmal das Burgareal und noch einmal halten wir inne und genießen den Anblick. Wir verlassen erholt und frisch gestärkt die Burg wieder über die Zugbrücke, bleiben am Parkplatz auf dem Weg geradeaus und folgen ein paar Meter der Burgstraße – auf der wir übrigens mit 467 Metern am höchsten Punkt der Wanderung angekommen sind – um die Kurve

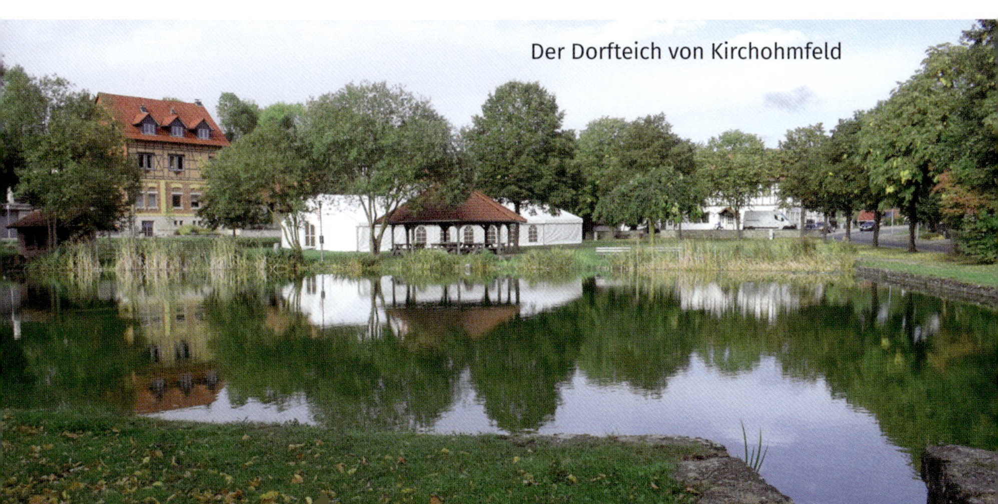
Der Dorfteich von Kirchohmfeld

Tipp

Kirchohmfeld

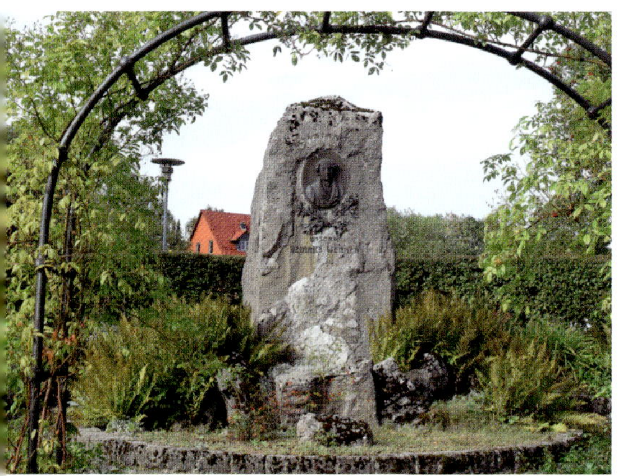

Heinrich-Werner-Denkmal

Das Dorf Kirchohmfeld ist heute ebenfalls Teil der Stadt Leinefelde-Worbis und liegt gleich nahe der Burg Bodenstein. Es bildet sozusagen das Tor zum Ohmgebirge, kommt man aus Richtung Worbis. Den Dorfmittelpunkt bildet ein großer Teich, auf dem bei Festen wie dem legendären Erntedankfest auch Boot gefahren werden kann. Nahe beim Teich befindet sich das Gasthaus „Zum Heideröslein“. Wer bei diesem Namen direkt an Johann Wolfgang von Goethe denkt, liegt nicht ganz falsch. Denn Kirchohmfeld, erstmals anno 1217 urkundlich erwähnt, ist der Geburtsort des Komponisten Heinrich Werner, der nur 32 Jahre alt wurde, aber 1828 das Gedicht von Goethe „Sah ein Knab ein Röslein steh'n“ in der heute bekanntesten Volksmelodie vertont hat. Ihm ist im Ort ein Denkmal errichtet, auch gibt es eine Heinrich-Werner-Stube mit Ausstellungsstücken. Berühmt im Eichsfeld ist Kirchohmfeld für sein dreitägiges Erntedankfest im Herbst.

herum. Kurz vor dem nächsten Parkplatz weist uns das Wanderzeichen rechts in den Wald, und wir folgen jetzt dem Pfad etwa 400 Meter bis zur Ruine der Mühlhäuser Burg. Viel ist nicht mehr von ihr zu sehen, darum geht es gleich halb links weiter, keine 100 Meter entfernt wartet nämlich die Gelbe Klippe auf uns. Sie ist ein fantastischer Aussichtspunkt. Hier treffen wir auch wieder auf den Heinzelmännchenweg, der von unten in Serpentinen heraufkommt. Allerdings ist von den kleinen Männchen noch immer nichts zu sehen. Noch einmal

genießen wir den Blick über Wintzingerode ins Tal und über die sanften Hügel, dann geht es scharf links Richtung Osten. Am Waldrand führt der Weg erneut scharf rechts herum, wir laufen entlang des Waldrandes immer unter Bäumen, bis wir auf die Straße Adelsborn treffen. Ihr folgen wir bergab, bleiben geradeaus, wenn von links die Bodenröder Straße auf den Adelsborn trifft, und schlagen uns dann rechts über die Eselsgasse wieder in den Wald. Etwa 30 Meter weiter im Wald treffen wir linker Hand auf den Kanstein-Wanderweg, auf den wir einschwenken und ihm bis zu dem Plateau immer weiter folgen. Nach 500 Metern erreichen wir die Grabstätte Adelsborn. Unter dem rauschenden Blätterdach liegen drei historische Gräber nebeneinander, sie besitzen noch die Grabplatten mit Inschriften und werden von einem steinernen Kreuz überragt.
Rund zwei Kilometer mit kleinen, sanften Steigungen und Abstiegen liegen jetzt vor uns, dann erreichen wir den Kanstein. Der Gipfel liegt auf 435 Meter über dem Meeresspiegel. Es eröffnet sich ein traumhaftes Panorama auf das Hahletal und die dahinter liegenden Hügelketten. An klaren Tagen reicht die Sicht weit nach Norden und Westen. Etwa 30 Meter hoch ist die steile Felswand aus Muschelkalk, auf der wir stehen. Das gesamte Ohmgebirge, in dem wir uns befinden, besteht aus dem weichen und witterungsanfälligen Gestein. Regen und Frost haben im Laufe der Zeit immer wieder Felstrümmer abgesprengt, die den Abhang unter uns bedecken. Teilweise wäscht der Regen ganze Säulen und Pfeiler aus dem Gestein heraus.
Jetzt ist es nicht mehr weit bis zu unserem Startpunkt. Immer bergab geht es jetzt durch den dichten Wald dem T im Kreis folgend. Noch eine scharfe Rechtskurve und schon sind wir wieder auf dem kurzen Stich, der uns innerhalb weniger Meter zum Bärenpark führt. Genau 9,8 Kilometer ist die exakte Route, wir haben ein bisschen mehr auf dem Kilometerzähler, zu interessant sind die Aussichtspunkte und natürlich die Burg Bodenstein.

Gastronomie:

Gasthof Bodenstein, Burgstraße 6, 37339 Leinefelde-Worbis, Telefon 036074/208397, www.gasthof-bodenstein.de

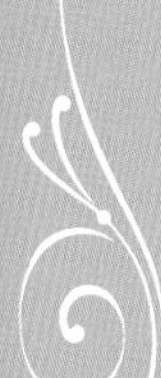

Der Geist des Ritters

Die Bodensteiner waren mitunter arge Landplagen, verbreiteten teils Angst und Schrecken in der Umgebung. Einer, der es besonders schlimm trieb, war Ritter Barthold von Wintzingerode, der im 16. Jahrhundert Burgherr war. Doch 1574, so steht es in den Annalen, wurde er vom Kurfürsten Daniel von Mainz während eines Überfalls auf Burg Bodenstein gefangengenommen, wegen eines beweisbaren Mordes zum Tode verurteilt und im Jahr darauf in Mainz hingerichtet.

Die Menschen rund um den Bodenstein atmeten auf. Doch lange sollte die Freude nicht währen. Denn der Geist des Ritters kam nicht zur Ruhe. Immer wenn der Mond über dem Ohmgebirge aufging und silbriges Licht nicht nur in die Buchenwälder, sondern auch durch die Schlossfenster warf, wurde es im Inneren der Burg lebendig. Tritte und Sporenklang erschollen, dann trat der Geist des Ritters aus einem unterirdischen Gang, stieg eine Treppe empor und rollte wild mit den Augen. Sah er fremde Gäste in einem ganz bestimmten Zimmer, so packte ihn eine unheimliche Wut, so dass er den Gast ergriff und ihn mit lautem Hohngelächter die Treppe hinunterwarf. Wer sich nicht das Genick dabei brach, konnte von Glück reden.

Um der unheimlichen Sache Herr zu werden, bauten die Burgbewohner die Treppe ab, um dem Geist den Weg zu verwehren. Darüber aber wurde er noch zorniger. Zwar konnte er in dem unheimlichen Gemach niemanden mehr die Treppe hinunterwerfen, doch an sein eigenes Porträt an der Wand gelangte er. Schlief jemand Fremdes in dem Zimmer, warf er das Bildnis mit lautem Gepolter zu Boden. Vielleicht wurde der Geist es leid oder wurde anderweitig erlöst, seit Jahren lässt er sich nicht mehr sehen.

Die Ahnfrau

Auf Burg Bodenstein hat es nicht nur schreckliche Geister gegeben. Es gab sogar einen ganz sanften: die Ahnfrau. Susanna war ihr Name. Sie wandelte in stiller Trauer durch die Burggänge, immer auf der Suche nach ihrer goldenen Brautkrone, die sie einst zu Lebzeiten verlor. Aber während ihrer Suche schaute sie auch nach, wie es um die Burg stand, deren Herrin sie lange war. Wenn zum Beispiel Mägde arbeitsam und adrett waren, sponn sie ihnen in der Nacht den Wocken ab, auch den treuen Knechten erwies sie viele gute Dinge. Einen aber mochte sie besonders gern, denn sie erschien ihm oft und sah ihn freundlich an. Oft sah er sie am Fensterbogen zur Zugbrücke hin stehen und gedankenverloren hinausblicken. Der Bursche konnte eine ganz genaue Beschreibung von ihr und ihrer Kleidung geben. Doch dann schaffte man auf der Burg eine neue goldene Brautkrone an, und seitdem ist Susanna, die Ahnfrau, nie wieder erschienen.

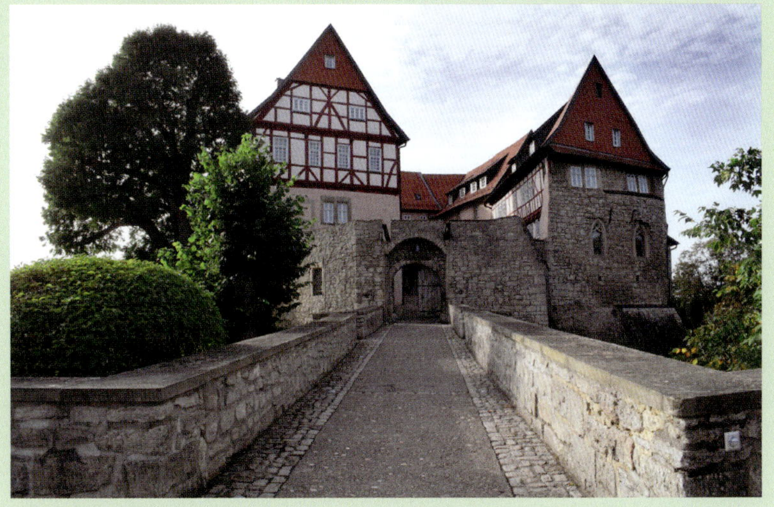

Tour 12

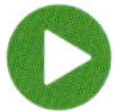 Startpunkt

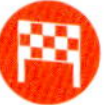 Zielpunkt

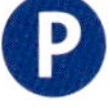 Parkplatz

 Gastronomie

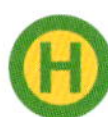 Haltestelle

 familienfreundlich

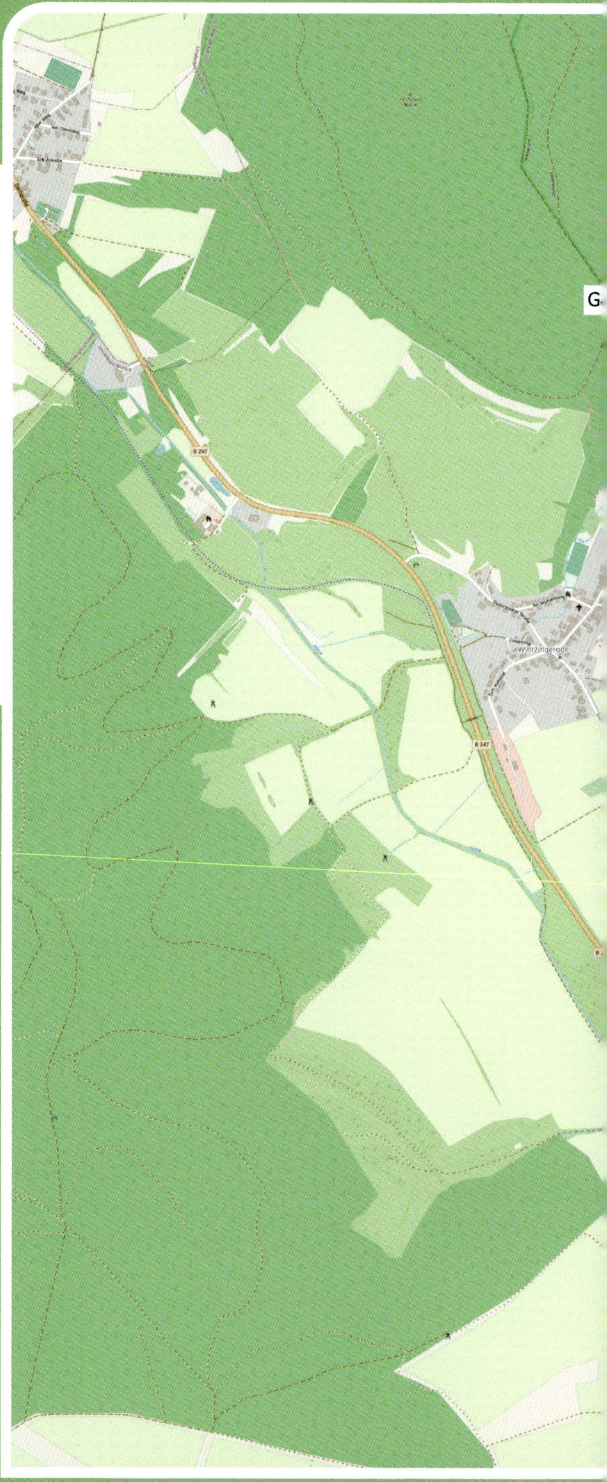

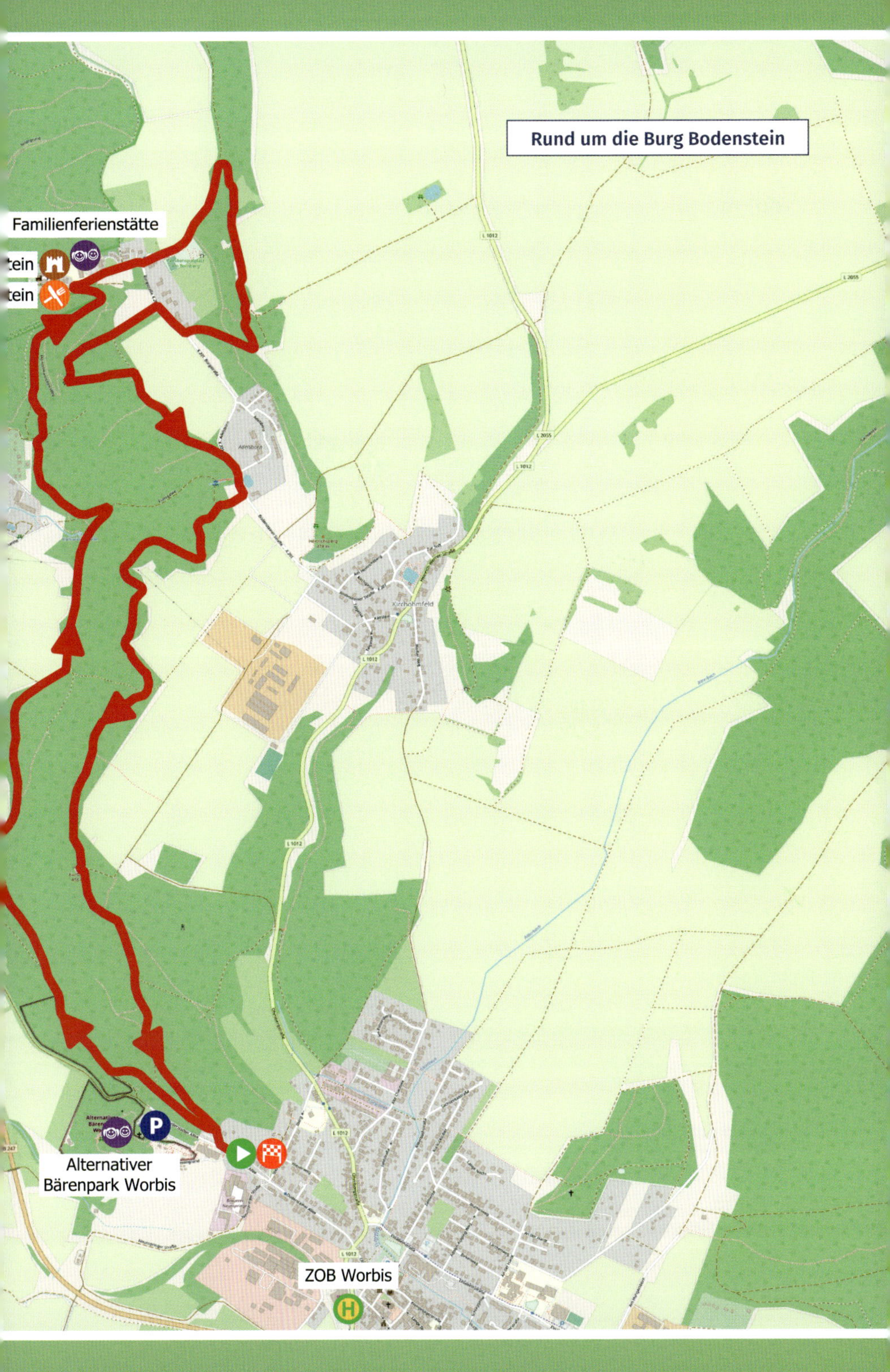
Rund um die Burg Bodenstein
Familienferienstätte
tein
tein
Alternativer
Bärenpark Worbis
ZOB Worbis

Praktische Hinweise

Selbstverständlich sind alle Touren in diesem Wanderführer erprobt, und die Wegbeschreibungen und Kartenausschnitte sind so detailliert, dass sie auch ohne technisches Gerät problemlos nachgewandert werden können. Da die vorgestellten Wege in die Natur führen, sind sie der Witterung und damit der Veränderung ausgesetzt. Sollten Sie feststellen, dass irgendwo unüberwindbare Hindernisse entstanden sind oder dass die Wegführungen sich verändert haben, dann sind Autorin und Verlag für einen Hinweis sehr dankbar.
Die im Buch vorgenommenen Wegzeitberechnungen orientieren sich an der vom Deutschen Wanderverband und von den Alpenvereinen in Deutschland und Österreich angenommenen Durchschnittsgeschwindigkeit von vier Kilometern pro Stunde im ebenen Gelände.
Bitte beachten Sie, dass es sich bei diesen Angaben um die reine Gehzeit handelt: Auf vielen dieser Touren ist am Wegrand so viel zu sehen und zu entdecken, dass Sie auf jeden Fall zusätzliche Zeit einplanen sollten – und entsprechend Proviant und Getränke. Und übrigens gilt generell: Wandern geschieht immer auf eigene Gefahr.
Alle Strecken in diesem Wanderführer sind unter normalen Umständen ungefährlich und leicht zu gehen. Sie eignen sich hervorragend für Ausflüge im ganzen Jahr – eigentlich egal, bei welchem Wetter.